小学館文庫

# 野村イズムは永遠なり

野村克也

小学館

# 文庫版
# 序章

## あと1年でよかった

東北楽天ゴールデンイーグルスのユニフォームを脱いで、1年余りが経《た》った。ご承知のとおり、その後も私は「名誉監督」の任を与えられ、球団との関わりをいちおう保ってはきたものの、それはあくまでも名誉職であり現場と接することはなかった。その経緯について私が納得していなかったことは、すでに多くのメディアを通じて語ってきたし、事前に球団から伝えられた「花道づくり」という意味不明な提案については本書でも詳しく述べている。

正直言って、あと1年（2010年シーズン）、監督を続けていたかった。1年でよかった。それが今でも偽らざる心境である。「風雪5年」のうち4年間、「強いチーム」に仕立て上げるには至らなかったものの、なんとか戦える組織に育て上げてきた自負があったし、私が長年培ってきた野球観がようやく選手たちにも浸透し始めているという実感もあった。土地を耕し、集めた種を蒔《ま》き、水を与えながら、そんな手応《てごた》えを感じ取っていた。そして、球団史上初の2位という結果も出した。ようやく花を咲かせるだけの素地が整ったと考えていたのだ。

私はこれまで、弱いチームばかりを任されてきた。南海を皮切りに、ヤクルトスワローズ、阪神タイガースと、いずれもどん底で喘《あえ》いでいたチームを人間教育という面から建て直し、あるいは組織の根幹となる編成部門の改革に手をつけることで再生への道標としてきた。楽天もまた、「自分たちは弱い」という負の精神状態に縛られて戦いに臨むという、典型的な「弱者集団」だった。

選手個々の実力というものには限界がある。実力差がある者同士がそのまま戦えば、勝利は自《おの》ずと強者のものとなる。しかし、そこに緻密《ちみつ》な「情報」と相手の精神状態を揺さぶる「戦術」という要素が加われば、弱者が勝者になる可能性が生まれてくるのだ。体力、気力という、本来プロ野球選手が備えているべき能力のほかに、知力という武器も、大きな影響を及ぼす。ここに中心選手を軸とした結束力、勝つためのプロセスを全員が共有する意識が醸成されれば、はじめて勝利という果実を得られる。さらに言えば、その勝利が自信というかけがえのない財産を生む。これがいわゆる「無形の力」となり、組織はぐんぐん力を伸ばしていくのである。

楽天イーグルスはその「無形の力」を蓄える途上にあった。しかし、「あと1年」というところで、球団は私から指揮権を取り上げたのである。

球団フロントが野球界について理解が乏しいことは、ちょっと付き合えばわかる。前オーナーの三木谷浩史会長は、「野球はビジネス、サッカーは趣味」と公言している人物であり、出身地である兵庫県に本拠地を置くヴィッセル神戸の動向にはかなりご執心のようだが、イーグルスについては関心が薄かった。それは仕方ないことかもしれないが、私としてはその情熱をもう少しでいいから野球に向けてもらいたいと常々願っていたのだが、叶《かな》わなかった。二代目の島田亨オーナー兼球団社長もしかりで、野球に対する意気込みは残念ながら感じられない。さらに事実上球団運営を「丸投げ」されている米田純球団代表は、その奮闘ぶりは認めるものの、サラリーマン気質で事に当たる営業至上主義者である。彼らにはパソコン上で理屈を組み立てる能力は備わっているかもしれないが、人間的な配慮が欠けていた。そして、野球とは最たる「人間の営み」だという根本的な原理がわかっていないのではないかと思わせる。

彼らが私に「クビ」を宣告したタイミングが、そのことを象徴している。

2009年のシーズンを2位で終え、念願であったクライマックスシリーズをいよいよ地元・仙台で迎えるときのことだった。福岡ソフトバンク・ホークスとの第1戦を3日後に控えた10月13日、本拠地クリネックススタジアム宮城の監督室に島田、米田のご両名がやってきたのである。

球団が迎える初めてのプレーオフだ。いやがうえにも緊張感が高まる。なんとしても勝たねばならない初戦を前に、フロント首脳も「頑張れ」と激励に訪れてくれたと思った。ところが、社長の第一声はその淡い期待をさらりと覆した。

「こういう話は早く耳に入れておいたほうがいいと思って伺いました」

「なんですか」

「今季かぎりで退任していただきます」

よりによって、これから大事な決戦が始まろうというのに、その直前にクビ宣告とは最悪のタイミングである。ただ、負けず嫌いの性分はこういう局面でも顔を出す。

「ひとつ聞いていいですか。万が一、これから勝ち上がって日本シリーズに出場し、優勝したとしても、クビですか?」

「優勝してもしなくても、辞めていただきます」

ここまでハッキリ通告されたら、監督として返す言葉があるわけもない。普通なら戦意を喪失してもおかしくない状況だが、それでも私は戦意を奮い立たせて試合に臨んだ。その場になれば勝負の血が自ずと騒いでしまう、野球人の性《さが》というべきか。その第1ステージを連勝で勝ち抜き、北海道日本ハムファイターズとの第2ステージに進出できたのは、私にとって最後の意地でもあった。

「理をもって戦う野球」は私の信条であり、「考える力」「感じる力」を総動員するその過程にこそ、選手を成長させる最大の要素が詰まっている。ただし、いくら理論や数値を積み上げたところで、最後にものをいうのは「情」であることも私は理解している。「意気に感ずる」ことこそ、人を奮い立たせる最高のエネルギーであることは、勝負の世界に身を置く者なら誰しもが理解すべきことだ。もちろん、ファンの声援も大きな力を与えてくれる。当時、ＴＶのスポーツ番組で「野村監督は続投かクビか」のアンケート調査が行なわれ、90パーセント以上の視聴者が「続投」を支持してくれた。そのようなファンの応援に私は勇気づけられたものだ。

楽天フロントのご両人も、プロ野球チームのトップとしてこれからもやっていくつもりがあるのなら、野球人が「情」に左右されやすい人種であることを覚えておいたほうがいい。

## 「監督の言うとおりになりましたね」

楽天球団が私に与えたショックは、それだけではなかった。後任監督の有力候補にマーティ・ブラウンの名前があがったことで、私の心境はさらに穏やかではなくなったのである。「宣告」を受けた当日は、当然ながら正式に発表されていたわけではないが、噂《うわさ》は耳に入っていた。クライマックスシリーズの練習前に、私がブラウンお得意の「ベース投げ」を披露したのも、半ばパフォーマンスと受け止められたようだが、実際は球団に対する憤懣《ふんまん》をぶつけるという、「本気度」のほうが高かったのである。

監督として仕事をしているときから、私の後継者にはそれ相応の監督が就任すると思っていた。それが、広島東洋カープを率いた4シーズンで一度もAクラスにチームを導けなかった男がやって来るとは、いったいどういう根拠があってのことだ。

球団運営に関してまったくの素人だった米田代表は、その道の先輩たちから数多くのアドバイスを授かっていた。なかでもカープの鈴木清明代表からは多大な影響を受けていたようで、私も監督時代、米田代表の口から聞かされたことがあった。

「監督、代表者会議で鈴木さんと話をしたんですが、球団としての方針や経営理念が私の考えとまったく同じなんですよ」

米田代表が興奮気味にこう切り出した。聞けば、鈴木代表は徹底した経費削減と経営のスリム化によりカープを黒字に転換させた立役者であり、さまざまなアイデアをもって球界でも一目置かれる存在だという。なるほど、営業至上主義の米田代表が感心するのもよくわかる。しかし、私はそのときこう返した。

「代表、喜んでばかりいてはダメですよ。広島がどのような方針で営業しているか知りませんが、毎年Bクラスじゃないですか。もう20年近くも優勝していないチームを参考にするより、巨人の話を聞いたらどうですか」

黒字になれば、すべてよし――そういう発想でチームづくりを行なうということは、つまり勝利は二の次というわけだ。そんな話を嬉々《きき》として現場の監督にするとは、なんとも無邪気な人間と言わざるをえない。

米田代表の話を聞いていて、私はふと大昔のエピソードを思い出してしまった。南海ホークスで四番を打っていた20代の頃、たまたま移動の車中で隣同士になった阪神タイガースの営業課長から、「理想の経営」について講釈されたことがある。

「ウチは優勝しなくていいんだ。巨人と競り合って最後に負けて2位ならば観客は増えるし、選手の給料も上げなくて済むから」

こともあろうに現役選手である私に向かって堂々と「勝ってもらっては困る」みたいなことを宣《のたま》うとは、いったいどういう神経をしているのか疑った覚えがある。しかし気づけば、その球団ポリシーははるか後年まで脈々と阪神に受け継がれ、ついには暗黒の時代を迎えることになる。現在の楽天の経営方針とは、まさに旧阪神のそれとよく似ている。もし真意は違うところにあったとしても、私にはそう感じ取れる。

2009年11月になり、ブラウン新監督の就任が正式に発表された。両代表の関係が起用のきっかけをつくったことは想像に難《かた》くないが、それにしてもドンピシャの横滑り人事を行なうとは、わかりやすいにも程があろう。

先にも述べたが、私自身、後継者の人選には大いに注目していた。もちろん、チームの将来を案じてのことだが、それだけにこの人事を聞いて少なからず不安を覚えた。なぜなら、球団は「2位」という結果が出たことで楽観的になっていると思ったからだ。相当お手軽な監督を持ってきたことからも、来季の補強は望めそうにない。

2位という順位は確かにひとつの成果ではあったが、ラッキーな面も多分にあった。前年日本一の西武ライオンズがつまづき、ソフトバンクは故障者が続出。千葉ロッテマリーンズはバレンタイン監督の処遇を巡ってチーム内に混乱が生じており、落ち着いて野球をやっていられる状態ではなかった。楽天にとって恵まれた状況でのペナントレースだったのだ。

チーム状況はまだまだ途上段階であるにもかかわらず、何も補強する気配を見せないフロントに対して、私はきちんと進言はしておいた。

「このままの戦力で来年も戦うつもりなら、間違いなく最下位ですよ」

もし勝つ気があるのなら、補強すべきポイントはしっかり手を加えておかねばならない。そう言い残して球団事務所を後にした。メディアでは「最下位予想」だけが大きく取り上げられ、いかにも私が球団とブラウンに向かって最後《さいご》っ屁《ぺ》を放ったかのように捉《とら》えられたが、実際は的確なアドバイスを授けただけのことである。

それから約1年後、残念ながら予想は的中してしまった。

２０１０年のシーズン終盤、いちおう名誉監督なのだから一度くらい顔を出しておくべきだろうと、仕事で仙台へ出向いたついでに球団を訪ねた。すると、代表が私の顔を見るなり、こう声をかけてきた。

「監督の言うとおりになりましたね」

そんなことは、開幕する前からわかりきっていたことだ。戦力状況、他チームとの相対的な評価は監督だったこの私がいちばん把握しているのだ。特に懸念していたのは、クリーンアップを打てる長距離打者の不足だった。たしかに山崎武司は年齢のわりによくやっている。リーダーとしてチームを統率する気概も感じられる。しかし、このところやや物足りなさが目立つようにもなってきた。

「だから言ったじゃないですか。打線の核となる選手を獲ってこなければ勝てません。野球はエースと四番で成り立つ。中心なき組織は機能しないと、あれほど繰り返し伝えてきたのに……」

数字だけを見れば、防御率は向上しているし、打率もほぼ前年並み。目に付いたのは本塁打数が10本減少したことと、1点差試合の勝率がガクンと落ちたことである。

勝負強さ、試合終盤での粘りを欠いていたということになる。

つまり、チームの結束力がここ一番で不足していたことがこの結果を招いたとも言えるだろう。なぜか――。

私はもう何年も前から「外国人監督不要論」を唱えてきたのだが、まさか自分の後《あと》釜《がま》に外国人が就任するとは皮肉な展開になったものだ。かつてドン・ブレイザーから「シンキング・ベースボール」の真髄を継承し、ダレル・スペンサーの緻密な情報収集力に「進化した野球」を感じ取った私としては、なにも「外国」の存在をすべて否定するつもりはなく、交流は大いに奨励すべきだと考えている。

ただし、こと監督という立場において外国人を担ぎ出すことはもうやめたほうがいい。マネジメントという面で彼らから学ぶべきことはもはやなく、かえって彼らのスタイルが日本野球の継続性という点で弊害になる部分のほうが大きいと考えるからだ。あのブレイザーにしても、コーチとしては実に多くの戦術をもたらしてくれたが、後の阪神、南海の監督時代は成功だったとは言い難い。監督という地位は、単に戦術を駆使して選手をコマとして動かすだけでは務まらない。組織をいかに束ねるか、そのために自らの考えをどれだけ綿密に伝えられるかが重要となってくる。文化の違い、特に言葉の壁を乗り越えねばならない外国人の場合は、コミュニケーションという点で齟齬《そご》をきたすのは仕方のないことだ。組織が一つになって勝利を目指さねばならないとき、結束力が緩むのはそのためではないだろうか。他の観点からも「外国人監督」については言いたいことが山ほどあるのだが、それは本書で詳述しているため控えておく。

## さすが、星野は政治家にもなれる

2年契約で雇ったブラウン監督を、球団は1年で見限った。その決断は素早く、2010年レギュラーシーズン最終戦直後の「解雇通告」だった。「結果がすべて」と代表はその理由を述べていたが、その「結果」には営業面も含まれていたことに疑いの余地はない。そして2011年シーズン、楽天球団は星野仙一を監督として招聘《しょうへい》した。これまた、なんという因縁であろうか。2002年、阪神の監督を退いた私の後任に就いたのが星野であり、間に訳の分からんのを一人置いたとはいえ、今回も再びその巡り合わせとなったのである。

9年前、私は指揮官の座を降りる際、「後任は星野仙一しかいない」と阪神球団に進言した。編成部の大改革という「遺産」は残せたものの、理をもって導く私の指導

2011年2月、視察に訪れた楽天・久米島キャンプで星野新監督と対面。

だけでは、人気球団のなかに堆積《たいせき》した澱《おり》を払拭《ふっしょく》することができないと考えたからだ。果たして、星野は私にない恐さをもってチームの血を入れ替え、2年目にしてリーグ優勝を成し遂げた。

今回のケースはもちろん状況が異なるとはいえ、彼の先見性と交渉力の巧みさには感心させられた。本来であれば私が退任した直後、間を置かずに監督に就任してもよさそうなもので、球団もそのようにレールを敷いていたフシがある。彼の性格からしても、1日も早くユニフォームを着て現場に戻ってきたかったはずだ。

しかし、そこは、さすが先見性に優れた星野、1年待ったおかげでお膳立《ぜんだ》てがうまく整ったのである。その間、ブラウン指揮下でチームは2位から最下位へと順位を下げた。そこで「待ってました」とばかり役者・星野が登場するというシナリオになったわけだ。処世術ゼロの私にはとてもできない鮮やかな身の振り方であり、その姿は政局を巧みに手繰り寄せる政治家そのものである。星野は政治家になっても十分やっていけるだろう。

阪神の「政権交代」の際には、優勝した直後に「野村前監督の遺産のおかげ勝たせてもらった」という主旨のコメントを残した星野だが、今回ばかりは一拍おいて最下位に落ちたチームを率いることで、そんな気遣いも無用だ。

また、「血の入れ替え」ではないが、松井稼頭央、岩村明憲を海の向こうから呼び返すなど、補強にも力を入れた。いや、球団に実行させることに成功したのだ。私の時代にはいくら要請してもこのような大型補強は叶わなかったが、これまた星野の手腕のなせる業というか、資金を引き出す「政治家」星野の交渉力の賜物《たまもの》である。

この点についてあるいは、球団の星野に対するバックアップが私とは違うので、さぞや野村は怒っているだろう、と思われているかもしれないが、実は私はまったくそう感じていない。「野村監督なら金を出さずとも勝ってくれるだろう」という思いが球団にあったと感じるからだ。私はその評価を誇りに思うのだ。「与えられた戦力でやりくりする」のが監督本来の職務であり、編成との兼業のような形は私のやり方に反する。それに正直言って、多少弱い戦力でも育てて勝つ自信が私にはあるのだ。

さて、星野の強運からかメジャーへ渡るはずだった岩隈が残留し、四番とまでは言えないまでも打線に核を据えることもできた楽天だが、私には心配な点が一つある。

それは、キャッチャー嶋基宏の存在だ。現代の野球では、「優勝するチームに名キャッチャーあり」というのが常識である。昨シーズン、3割を打ってベストナインに選ばれ、おまけにゴールデングラブ賞も受賞。世間では一人前の女房役に成長したと見られているかもしれないが、私の目にはまだまだ頼りなく映っている。

監督時代の4年間で徹頭徹尾、キャッチャーとしての心構え、技術を伝授したつもりだが、彼はそれを体得しきれなかった。カウントによって、または球種によって打者心理がどのように変化していくのか、それによって配球をどう組み立て直すのか、それがまだわかっていない。小事細事を見逃すために致命的なミスに陥るケースが多々ある。さらに言えば、必要なときに内角を要求するだけのハートが足りないのだ。実は嶋がどんな人間か知りたくて、マネージャーに「嶋の中学時代の成績を調べろ」と指示したことがある。答えは「監督、オール5でした」とのこと。私は驚いたが、「勉強頭脳と野球頭脳は違うんだな」とつくづく思った。この正捕手を完全に育て上げることができなかったおかげで、後を継いだブラウンに苦労を強いることになり、その点については申し訳なく思っている。私がもし彼の傍《そば》にいられたら、まだまだ教えたいことは山ほどあった……そんなことも考える。

このように、教え子たちの動向や球界の行く末を案じていると、体内に流れる野球の血が騒ぎ出し、いても立ってもいられぬ自分がいることに気がつく。２０１１年シーズン開幕を前に、野球への情熱がいや増すばかりであることを改めて自覚する今日この頃である。

２０１１年3月10日

# はじめに

昨年（２００８年）の暮れ、米国の民間機が離陸直後に航行不能となり、急遽《きゅうきょ》ハドソン川に不時着したことがあった。ベテラン機長の一瞬の機転が多くの命を救ったこの一件を知り、私はその事実に感嘆の声をあげたものだ。これこそ経験に裏打ちされた判断力、さらにはその判断を実行に移す決断力の賜物《たまもの》であろう。

判断と決断が一体となったとき、人は勝負に勝つことができる。野球の世界でも同様。正攻法と奇策をバランスよく使い分けてこそ相手を上回ることができるのだ。

同じく昨年の西武対巨人の日本シリーズで勝敗を分けたのも、決断力の差であった。雌雄を決する第７戦のことである。

１対２と西武１点ビハインドの８回一死三塁の状況で、走者の片岡易之は中島裕之がボテボテの三塁ゴロを打った瞬間にスタートよく飛び出して同点のホームを踏んだ。

あのとき、もし中島の打球がライナーとなっていたら、あるいは強い打球で野手の正面を突いていたら、一瞬にしてダブルプレーが成立し、シリーズの行方は一気に巨人へと傾いていたに違いない。

西武・渡辺久信監督が打った手は、いわゆる〝ギャンブルスタート〟だった。これは実は、かつて私が編み出した手法であり、ことあるごとにコーチや選手たちにその効果を説いてきた作戦である。1点を争う攻防においてはワンプレーに賭《か》ける決断が大きくものを言う。ボールがバットに当たった刹那《せつな》、三塁走者を本塁に向かって突っ込ませる。もしアウトになったら運が悪かったと諦《あきら》めるしかない。それぐらいの割り切りが必要な状況がある。

渡辺監督の「決断」はそれだけではなかった。

前日の第6戦では、2日前に完封勝利したばかりの岸孝之を4回からマウンドへ送り、9回まで使うという「戦術」をとって勝利をたぐり寄せた。あのとき、好調な岸を次の第7戦でも起用するべく「戦略」を優先させ、岸の投球回数を減らし他投手への継投策をとっていたら、あるいはシリーズはあの試合（第6戦）で終わっていたかもしれない。短期決戦においては、ときに戦略よりも戦術を優先しなければ勝てないことがある。これもまた、私が長年にわたって会得した経験則である。ペナントレースとシリーズの違いである。

試合に勝つ戦術を実行するには、それを可能とする組織づくりが必要である。選手はあくまでもチームの勝利を最優先に、自らの力をどう生かすかを考えてプレーしなくてはならない。一方監督は、どのような野球を目指すのかを自分の言葉でしっかりと選手に伝えていなければならない。

「組織はリーダーの力量以上には伸びない」とは、私の持論である。この真理をわきまえ、選手たちを正しい方向へ導くのが監督の仕事だ。

さらに言えば、組織を構成するのは一人一人の人間である。人と人とのつながりを深め、強い組織をつくるためには、まず互いを「信頼」することだ。ライオンズの日本一が決定した直後、ナインが一斉に渡辺監督のもとに集まり喜ぶ様子に、私はこのチームの強さを見たような気がした。チームの一体感や連帯意識は自信を育《はぐく》み、それが「無形の力」となって大きなアドバンテージを生むのだ。

「信は万物の基を成す」――。

この真理は片時も忘れてはならない。

かつて渡辺監督はヤクルト・スワローズ時代、私の下で1年間過ごしたことがある。追い詰められた状況で起死回生の策が打てたこと、チームの心を一つにできたことに、もし私の存在が影響していたのなら、指導者冥利《みょうり》に尽きるというものである。

＊　＊　＊

私がプロ野球の世界に身を投じたのは、いまから55年も前のことだ。選手として27

年、「兼任」を含めて監督業を23年間務めてきた。その間、解説者としてマイクに向かっていた時期が9年間、アマチュア野球のチームを率いていた時期が3年間あったが、それもこれも、この世界に関わり、生きていくうえでとても貴重な時間だった。

よくもここまで続けてこられたものだ。プロ入りして初めての監督、鶴岡一人氏の「監督在任期間最長記録」を、今年で上回ることになる。感慨もひとしおである。ついでに言わせてもらうなら、昨年の7月には選手、監督の両方で3000試合出場という区切りを通過した。これは大リーグでも前例のないことだそうで、日本ではほとんどニュースにもならなかったが、米国の関係者からは大いに持ち上げてもらった。

実力勝負の世界とはいえ、そこは複雑な人間関係が渦巻く社会である。お世辞一つ言えない処世術0点の男がどうしてこれほど長年、仕事にありつけてこられたのか。それは、ひとえに野球に対する飽くなき探究心であり、理をもって戦いに挑む信念が誰よりも勝っていたからだと自負している。試合を戦う前には組織を固めねばならず、その前提には人づくりがある。首尾一貫、その考えを曲げたことは一度もない。

監督に就任して4年目を迎えた東北楽天ゴールデンイーグルスにおいても同じである。私はチームを土台からつくりあげ、「勝てる集団」に育てるべく奮闘してきた。しかし、結果はいずれもBクラスに終わり、いまだにファンの期待に応《こた》えることはできないでいる。

たしかに、戦力にならない選手を大勢集めて球団をつくったところで、どんな監督を持ってきても、いきなり結果を残せるほどプロ野球は甘くはない。

その意味で、誕生1年目にチームを預かった田尾安志監督はとてつもない貧乏クジを引いてしまったわけだが、戦力にならない選手の寄せ集めというハンディは、1年や2年で覆せないほどプロ野球全体がレベルアップしているのである。

しかし、指揮官となって4年ともなれば、「勝ち」を意識するなというのは無理な注文だ。というか、「勝ちたい」という強い思いが、体内に沸々と充満して仕方がないのである。個人的には、スワローズ時代の1997年以来、優勝をチームにもたらすことができていない。阪神タイガースの3年間を経て、合わせて7シーズンも続けて「胴上げ」から遠ざかっている。そんな〝ヘボ監督〟であるにもかかわらず、この歳《とし》までユニフォームを着ていられることに感謝はせねばならないが、一方で勝利への渇望は私の中で相当に高まっているのである。

＊　＊　＊

思えば西武ライオンズが発足した1979年、私は山崎裕之や田淵幸一らとともに選手の一員として迎えられ、根本陸夫監督のもと、微力ながらその礎の一片として働いたことがあった。

しかし、西鉄時代の末期から弱体化し切った戦力では、いくら補強を施したところで成績が上向くわけがない。無謀にもシーズン直前まで米国キャンプを行なったせいもあり、調整不足も手伝って開幕12連敗を喫し、そのまま最下位から浮上することはなかった。

新参チームの前には、計り知れない大きな壁が立ちはだかる。それは、当時のライオンズとて同じであった。ところが、私がチームを去った2年後の82年、広岡達朗監督が就任するや、いきなりの前期優勝、プレーオフも制してついには日本一にまで昇りつめたのである。

若干事情は異なるとはいえ、創設から4年目にして頂点に達したライオンズを我がイーグルスになぞらえる自分がいるのは確かである。

なんとしても勝つ――。

その強い願望をいかに実現させていくのか。私の本当の手腕が試されるときが来たと思っている。

『野村主義』（単行本時のタイトル）とはいささか大げさな表現だが、その言葉には「勝利」するための理とプロセスへのこだわり、それを支える「組織づくり」の方策、そして、すべての基となる「人づくり」への信念がこめられている。監督業24年目のいま、私は己の「主義」がかたちづくられる道程を改めて振り返り、自らを叱咤《しった》激励、鼓舞したいと思い、筆をとった。

読者のみなさんには、そんな一野球人の「生きざま」にお付き合いいただき、同時に何らかの「生きるヒント」を発見していただければ幸いである。

# 野村イズムは永遠なり　目次

山崎武司に求めること

# 第6章 生き方へのこだわり……195

※本書は、2009年6月に刊行された単行本『野村主義 勝利への執着力』を改題、一部加筆して、文庫化したものです。
したがって、「文庫版序章」を除いた本文中の数字・データ等は当時のものです。

第1章

# 勝利へのこだわり

## 「全体を見るな。一人一人を分断して考えろ」

野球における「勝利」とは端的に言って何であるか、皆さんはおわかりであろうか。それは言うまでもなく、「失点を相手より少なくとどめ、27のアウトを先にとる」ということである。この目標をチーム全員が強く意識して臨まねば、おいそれと白星を手に入れることはできない。私はこれまで〝弱体〟と言われるチームばかりを預かってきたせいか、ことさら勝つことへの執着、こだわりを強く抱いてきた。

いざ強い相手を前にすると、人はその存在感や「名前」からプレッシャーを受け、戦う前に戦意を失うことがある。いわゆる「無形の力」によって、ジワジワと真綿で締め付けられるような感覚に陥ってしまうのだ。

話は私のヤクルト監督時代に遡《さかのぼ》る。

1993年に導入されたフリーエージェント制度によって、権利を得た選手が自由に球団を移れるようになって以来、そのルールを最大限に利用してきたのが読売ジャイアンツである。豊富な資金力をバックに、落合博満、広沢克実、清原和博……と、次から次へと強打者、四番打者をかき集め、どこからでもホームランが飛び出しそうな破壊力満点の打線を組んでいた巨人に対し、セ・リーグの他球団は恐れおののいた。

私は巨人戦の試合前になると、まずはこの「劣等意識」を取り除くことに腐心した。あるとき、ミーティングで白板に並ぶ巨人のオーダーを見て、高津臣吾がため息まじりにつぶやいたことがあった。

「うわー、すごいメンバーだな……」

敵の顔ぶれを見て感心しているようでは、戦う前から大きなハンディを背負うことになる。即座に私は、こう指示を下した。

「全体を見るな。一人一人を分断して考えろ」

彼らが束になって襲いかかってくるような錯覚を、まず払拭《ふっしょく》せねばならない。バッターは一人ずつボックスにやってくるのだから、慌てる必要はどこにもない。そして、たとえどんな強打者であろうと、個々をクローズアップしていけば、必ず弱点が見つかる。スコアラーが収拾したデータをもとに具体的かつ端的に選手たちに戦術を伝達することで、強者への呪縛《じゅばく》から解放するのである。

最も効果的なアドバイスは、数字を見せることだ。ストライクゾーンを9分割し、打率が高くホームランが最も出やすいゾーン、逆にいちばん苦手としているコースを球種とともに提示し、ピッチャーの頭に明確にインプットさせる。

「そこへ放っておけば絶対に打たれはしない」と明示し、暗示にかけるのだ。

シーズン中、先発投手や捕手を送り出す直前に私が必ずかける言葉は、「完全試合を狙《ねら》え」である。バッターの特徴や傾向はすべて数字によって明らかになっているのだから、投げるコースさえ間違えなければ、全員をアウトにできるはずだ。実に理にかなった話ではないか。おまけに、強敵であればあるほどこちらの集中力はアップする。考え方を変えれば、1球たりとも気の抜けない状況は、自分がベストピッチングをするのにもってこいの状況でもある。

逆に力が劣ると思われるチームを相手にしたときこそ、気をつけなければならない。油断が心に隙《すき》をつくり、思わぬところで落とし穴にはまることになる。「弱い打線や下位打線ほど気をつけねばならない」のである。

## 不器用は天才に勝る

「弱いから勝てない」という台詞《せりふ》は、私にしてみれば敗者があらかじめ用意した言い訳に過ぎない。強い者が必ず勝つのなら、勝負する意味などどこにもない。人間には体力、気力に加え、知力という要素が備わっている。そのすべてを稼働させた者が最後には勝つのであり、だからこそ「弱者である強み」をしっかり認識する必要がある。

私はよく選手たちに、「人間なんて大した力は持っていない」と言って聞かせている。いままで160キロ以上のボールを投げたピッチャーがどれだけいるか？　日本で打率4割、ホームラン60本を打ったバッターなんていやしない。いくら脚が速いといっても、100メートルを8秒で走れる選手はこの世に存在しないのである。これは野球だけに限らないと思うが、ただ天性にのみ頼ってプレーする者には必ず致命的な限界が訪れる。自分の力を妄信し、何も見ようとせず、考える努力を怠り、しまいには「こんなものか」と諦《あきら》めてしまうのだ。私はいままでそういう選手を数多く見てきた。

試合中、ただ漫然とベンチに座っている者、あるいは凡退して漫然と帰ってくる者には、まず自分の目でしっかりポイントを押さえろと教える。

天才打者など10年に1人いるかいないかだ。己の打撃能力をよく把握したうえで相手の観察をする。

ピッチャーの調子がいいか悪いかぐらいは、考えずとも本能で察知できる。プロとして向上したいのなら、カウント0-0の初球からカウント2-3までの12種類のカウントを基準に配球を見て、相手の傾向や今日の攻め方を知る。1打席目と2打席目ではどう違ったのか、関連性はどこにあったのか……目を凝らしていれば、自《おの》ずと得られる情報はいくらでもある。さらにキャッチャーの戦術、監督の作戦面など、頭を休ませている暇などないのだ。考えねばならぬことは山ほどある。

天才などという人種はそうめったにいるものではない。この世の99%の人間は凡才だ。凡才なのに、「首から下」だけで勝負する者は、戦う前にすでに大きなアドバンテージを相手に与えることになる。人間ならみな平等に与えられた「頭脳」という武器を使わない手はないではないか。

「不器用は天才に勝る」――。

私は50年以上、この信念に基づいて野球に向き合ってきた。無名の高校からテスト入団でプロの世界に入り、頂点にまで昇りつめることができたのも、その考えをひとときも忘れたことがないからである。これまでの指導者人生のなかで、数多くの非凡な才能に出会ってきたが、その大半は壁に突き当たり道半ばにしてこの世界から去っていった。

もっと大きな果実を手にすることができたろうに、そこそこの成績しか残せなかった者も多い。東北楽天ゴールデンイーグルスでも昨シーズンを最後に10人の選手たちが「戦力外通告」を受けた。「明日は我が身」と緊張感を持って練習に取り組むのは結構なことだが、「考える」ことを怠った者から脱落していく事実に変わりはない。

だから私は日頃から、「ここに格好のサンプルがいるじゃないか。なぜ俺を参考にしないんだ」とアドバイスを送っている。一人でも多くの選手が「天性」を当てにせず、「頭脳」を稼働させて取り組んでほしいと願っている。

ドラフト上位でプロ入りしてきた選手のなかには、プロ野球選手になったことで満足している者が少なからずいる。そこが一つの到達点であるかのように、あとはそれなりにこなしていれば稼ぎもついてくるだろうとでも考えているのか。

どん底から這《は》い上がってきた身としては、そんな選手はおよそ想像を絶する存在なのだが、現代においてはプロ入りを出発点と認識している者は、みなさんが考えるほど多くはいない。非常に残念なことだが、彼らは野球選手を辞める段になって、初めて自分の愚かさに気がつくのだ。「もっと考えて努力をしておけばよかった……」と。そのときに後悔しても遅いのである。技術力には限界があっても、頭脳には限界がないのだ。「諦《あきら》めるな」である。「諦めが役に立つときは、新しくやり直すときだけ」と心せよ。

## 日本代表・原監督の機転に感心した

勝つためには手段を選ばない。いや、手段がないなら自分で創造する——それが私の野球観であり、哲学である。

もちろん、プロ野球はファンあっての仕事であり、観戦している人々に不快な思いをさせてはならない。したがって、試合の進行を妨げたり、ルールの網の目をくぐり抜けようとする方法は邪道である。私はあくまでも発展的な戦術として、様々なアイデアを世に送り出してきた。

先般のWBC（ワールドベースボールクラシック）期間中、第2ラウンドに向けての練習試合で日本チームが実に効果的な作戦をとったことがあった。一死一、三塁の状況で、打者・片岡易之がスクイズの構えを見せて空振りし、慌てた捕手が後逸して三塁走者の川﨑宗則がホームインしたのだ。片岡が試合後に語ったとおり、あれはいわゆる「偽装スクイズ」である。本来、一塁走者イチローの盗塁を助けるためのアクションであり、補逸はオマケだったのである。

私はこの光景に思わずニヤリとさせられた。何を隠そう、この策は私が発案したからである。

「柔よく剛を制す」ではないが、いかに味方を有利な状況に持ち込むかは「頭の使いよう」だ。このときばかりは、原監督の機転に拍手を送った。

私は「弱者の論理」に則り、知恵をしぼって数多くの「奇策」を考案した。相手の力が明らかに劣る場合は、正々堂々と常套《じょうとう》手段だけを使って圧倒すればよい。しかし、実力で下回る側がまともな作戦だけで勝てると思ったら大間違いである。

普通に野球をやっていると見せかけ、ここぞというときに突如として相手の意表を突く。「偽装スクイズ」もまたしかりである。

日本チームを「弱者」というのは語弊があるなら、実力が拮抗《きっこう》したチーム同士の戦いと置き換えることもできよう。いずれにせよ、充分な準備をしたうえで機を見るに敏の閃《ひらめ》きが奇襲には肝要なのである。戦いは正攻法と奇策の組み合わせなのだ。

## 勝利を呼び込む「観察」と「執念」

かつて、監督としての大先輩である三原脩さんも興味深い「奇策」を多く生み出している。いまや当たり前の起用法となっている「左投手のワンポイントリリーフ」や、相手先発ピッチャーが読めないときに使う「あて馬」メンバーなど……ピッチャーを一塁に守らせ、一人打ちとってまたマウンドへ戻す作戦は私も参考にさせてもらった。阪神時代、右の葛西稔と左の遠山奬志を入れ替えてピンチをしのいだことをご記憶の方も多いだろう。

三原さんは「魔術師」という異名で球史に残る名監督とされている。たしかにそのアイデアは革新的だったと思うが、その数や有効性なら私だって負けてはいないと自負している。何も偉そうな「肩書き」が欲しいわけではないが、この際だから言わせてもらう。人間、この歳《とし》になると〝怖いものなし〟なのだ。

たとえば、「偽投牽制《けんせい》」。これは走者満塁の状況で、二死カウント2－3のとき、いったんピッチャーに三塁へ牽制球を放るふりをさせ、飛び出した二塁走者を刺す作戦だ。最初は南海時代、江本孟紀に指示してまんまと成功させた。

また、キャッチャーである私が故意に二塁へ悪送球を投じ、あらかじめ知らぬ顔で近づいていたセンターに捕らせて二塁タッチアウトという方法も使った。

走者は次の塁が埋まっている場合、どこかで緊張の糸がゆるむものだ。二塁走者であればさらに、ヒットや内野ゴロの間にいいスタートを切って一挙にホームへ、の意識が強いのである。そういう敵の心理をうまく利用してアウトを奪い取るのだ。

繰り返し言うが、野球は3アウトで攻守交代、相手より少ない失点で27個のアウトを奪ったほうが勝つスポーツなのだ。

頭を使わずプレーしている者は、それがわかっていない。ヘボなバッテリーほどバッターばかりでアウトを取ろうとするから余計に苦しむのである。

敵が盗塁やヒットエンドランを試みる状況となれば、これまた「収穫」のチャンス到来である。現役時代、ウエストして走者を殺したことが何度もあった。

よく「野村さんはなぜ走者が走り出すのがわかったのですか」と訊《たず》ねられた。なかにはしつこい者がいて、あれはオープン戦で対戦した某セ・リーグ球団の走塁コーチだったが、遠征先の宿にまで押しかけてきて「どうしても教えてほしい」と粘られたこともある。

「いや、それは勘弁してくれ」と追い返した。企業秘密をそう易々《やすやす》と教えるわけにはいかない。いまとなればこう言うだろう。

「観察と執念だ」と。

盗塁やヒットエンドランのサインが出されると、たいていの選手は塁上で動きに変化が現われる。ジッと観察し、繰り返し確認して目を鍛えることで、それまで見えなかった「予兆」が見えるようになる。ソワソワする、動作が細かくなる。手がせわしなくユニフォームの上を行き来する……人によってさまざまだが、リードオフの際に挙動不審となるのだ。

みなサインが盗まれていると思い込み、試合中にパターンを変更したりするのだが、そんなことは関係ない。サインが変わっても人間の心理はままならないものである。

したがって、こちらが牽制のサインを出すときにはピッチャーにできるだけ長くボールを持たせるようにする。リードの時間をたっぷり与えることで、こちらも観察時間を充分にとることができるからだ。何度も「泳がせる」ことで選手の特性を頭にインプットできる。何も「殺す」ことだけが牽制の目的ではない。

「行動にはすべて目的がなければならない」

これはプレーの一つ一つに言えることである。頭を使わない、試行錯誤しない者に哲学や思想は生まれない。

## 「見抜く力」は誰にも負けない

私が南海ホークスでレギュラーとなった頃は、まだ〝精神野球〟が横行する、いわば大らかな時代だった。単に気合いを込めて投げたり打ったりしていれば、勝利をたぐり寄せることができると信じられていたのだ。当時、私のボスであった鶴岡一人監督はその代表格であり、おまけに結果でしか選手を評価しない人だったので、頭を使って相手を出し抜くような戦法に対してはほぼ無関心であった。

したがって、走者の動きを読んでボールを外し、走者を牽制アウトに切ってとったときには「よくやった」と褒められるものの、ひとたび失敗すると「勝手なことをしやがって」と雷を落とされる。「いける」と思っても、成功率は7割から8割。ときには無駄にカウントを悪くすることだってある。救いはヘッドコーチの蔭山和夫さんが「俺が責任を持つから、思い切って外せ」と言ってくれたことだ。

蔭山さんは当初から私の「頭脳」を買ってくれた恩人である。彼がいなかったら私は結果主義の精神野球に押しつぶされていたかもしれない。それだけに、１９６５年のシーズンオフ、鶴岡さんの後継者として監督に就任したわずか1カ月後、蔭山さんが急逝されたことは惜しまれてならない。彼が翌年から予定どおりホークスの指揮をとっていれば、戦術の進化はもっとスピードアップしていたに違いない。加えて、私が後に〝兼任監督〟などという無謀な任を仰せつかることもなかっただろう。人生もまた、ままならぬものと言わざるを得ない。

話が横道にそれてしまったが、あれから40余年、かくも前近代的な野球に終始していた時代とは異なり、現代はビデオなどのハイテク機器も発達したことで、選手個々の仕草や動作のクセは事前に修正されるようになった。

しかし、ハイテクばかりに頼っていると人間の感覚は鈍くなる一方ではないか。少なくとも私はそう確信している。自慢ではないが、「見抜く力」においては、いまもって私は現役選手の誰にも負けない自信がある。これも、全神経を集中して敵を観察してきた長年の訓練の賜物《たまもの》だろう。肉眼しか「道具」がなかったのだから、そこを磨き上げるしかなかったのだ。

人間の情報は人間の眼を通してインプットするのが最も効果的だ。しかし映像だけではどうしてもその場の「気」までは伝わらない。

見る、感じる、そして考える――。

テクノロジーが発達した時代だからこそ、かえって観察力、考察力の差がモノを言うのではないだろうか。

## 2・3からボールを要求

心理的な作用を使ったアイデアとして画期的だったと自負しているのは、2‐3からわざとボールを投げさせるインサイドワークである。

カウント2-3からボールになれば、フォアボールを与えてしまう。そんなことは子供でもわかる基本的なルールであり、明らかにピッチャー不利の状況。しかし、そこに野球の落とし穴が待っている。

それまでしっかり投球を見極めてきたバッターが、2-3になったとたん、はっきりボールとわかる球に手を出して空振り三振に終わるケースを読者のみなさんもしょっちゅう目にしているはずだ。

人間の心理とは面白いもので、これはプロで長年やっていてもなかなか修正がきかない。それまで必死に選球眼を利かせていたのに、2-3になると「次はストライクを放ってくるもの」と本能的に判断し、選球眼のスイッチをオフにしてどんな球でも打つことだけを考えてしまうのである。

私はその心理を利用しない手はないと考えた。

そこで、「2-3からバッターが最も手を出しやすいボール球」をデータとしてはじき出し、そのコースを「空振りゾーン」と名づけてピッチャーに投げさせることにしたのだ。

この戦法については、忘れられないエピソードが一つある。

私が西武ライオンズでマスクをかぶっていたときのことだ。

ロッテ・オリオンズとの試合で状況は一死一、二塁。迎えるバッターは当時、パ・リーグを代表する強打者であったレロン・リーだ。マウンド上では松沼の兄やん（博久）がピンチに髭《ひげ》を震わせている。

私は慎重にリードをして、カウントは2－3となった。相手の監督は山内一弘さんだ。この状況では走らせることが多く、間違いなく走者にスタートを切らせるだろう。ここで「空振りゾーン」を使えば三振ゲッツーを取れると考え、アンダースローの特性を生かして高めへ浮き上がるようなストレートを選択した。

ところが、サインを出しても兄やんは首をかしげてなかなかモーションを起こさない。チラチラとスコアボードを見ては、私に懇願するような視線を送ってくるのだ。

私は慌ててタイムをとり、マウンドへ向かった。

「野村さん、ボールを放ったら満塁になってしまいますよ」

「おまえな、ここでリーとまともにストライクで勝負したら、絶対にガツンといかれるぞ。俺を信じて高めのボール球を投げろ。8割以上の確率で振ってくる。賭《か》けてみろ」

3ボールからボール球を投げるという意識、習性のないピッチャーには、なかなか理解できない配球だったのだ。長い時間をかけて説明してようやく納得させると、私はマスクをかぶって投球を待ち受けた。

結果はものの見事に空振り三振。走り出していた二塁走者を三塁でタッチアウトに切ってとり、思惑どおりのダブルプレーを完成させたのである。この窮地をしのいだおかげもあって、チームを勝利に導くこともできた。見て、感じて、考えた末の策が的中したときの痛快感は何ものにも代えがたい。それが勝利へと結びついたなら、野球選手として最高の喜びを味わうことができるのである。

いまでも松沼に会うとその話になる。

「まさか2－3からボールを放れだなんて、夢にも思わなかった」と彼は言うのだ。

「それが野球だよ」と私はいつも答えるのである。ボール球を投げてアウトが取れるなら、何もストライクを投げる必要はないのだ。打者には必ず「空振りゾーン」があるものだ。

## 勝負師・野村の最大の短所

野球とは状況判断のスポーツである。1球ごとに刻々と変化する状況に対し、いかに対処していくか、その判断力が勝負を分ける。

プレーボールの直後、第1球目がストライクなのかボールになるのか、そこから有利、不利の状況は始まる。それぐらい微妙な動きを見せる。

「野球とは生きもの」という言葉の真意はそこにあるのだ。

状況判断とは、冒頭でも述べたとおり経験と知識に裏付けられた理非曲直の選択である。頭で考えたことに加え、五感のすべてを動員して行なう行為だが、それを実行に移すのが決断だ。正しい判断も、決断力がなければ無に帰することがある。それもまた、長らく野球をやっていると身にしみる真理である。

私は常に、「迷ったら覚悟を決める」ことにしている。

いくら知略をめぐらせ状況を見極めたとて、結果はどうなるかわからない。だからこそ胆《きも》を据えてかからねばならない。もちろん、「責任はすべて自分が取る」という度量を併せ持つ必要もある。

シーズン中、ほぼ毎日のように続く試合のなかで、監督は厳しい決断を強いられる。負けは易し、勝ちは難し……ひとたび気を抜いたら好結果はついてこない。だから、勝つことは疲れることなのだ。

一方、「決断は一つの賭けである」とも言う。結果はどうなるかわからない、だから何かに賭けて臨むということだ。ピンチヒッターを送り出すときもそうだが、なんといってもピッチャー交代のタイミングこそが監督にとって最大の「決断の場」だ。私はこの一点において、どうしても性格的に決断力の鈍さを自覚してしまうのである。

非情になれない、冷酷に徹しきれなく情に走ってしまうことがある。覚悟を決めねばならないとき、どうしても情が先に立ってしまう。勝負師としての私の最大の短所がここにある。これだけ長く監督をやっていても、「あと一人打ち取れば勝利投手の権利を得る」という場面でピッチャー交代を告げたことは一度もない。勝たせてやりたいという親心がアダになったことがある。しかし、4回3分の2まで持ちこたえた者をあっさりマウンドから降ろすことはできないのだ。

2007年の日本シリーズ第5戦で中日・落合博満監督が見せた決断については、折にふれて語っているのでご承知のことと思う。

落合監督はあと1回で史上初の日本シリーズ完全試合という偉業達成を目前にして、ピッチャー山井大介をマウンドから降ろしたのである。結果的に「勝利のための非情の采配」が奏功し、抑えのエース岩瀬仁紀が締めくくったからいいものの、よくもあの決断ができたものだと感心したものである。それはピッチャーの人生を変えてしまいかねないぐらいの、大きな「賭け」だった。それをあっさりやってのけた落合監督を見て、私は彼が監督就任時に口にした「180度違う野球をやる」という言葉を思い出していた。「ああ、こういう野球のことか」と勝手に納得したのだ。いや、そうでも思わなければならないほど、私には理解できない〝交代〟だったからだ。

判断を下すには「基準」というものが必要だ。ピッチャー交代を例にするなら、球数や疲労度、そしてバッターとの相性がそれだ。さらには、ブルペンで控えるリリーフ陣の信頼度も加味されよう。それらを総合して基準とするのが常道である。戦いというのはあくまで正攻法と奇策の組み合わせであり、そのバランスが大事になってくる。

では、果たして落合監督の基準とはどこにあったのか。試合後に報道陣に語った「理由」ではその全貌《ぜんぼう》は計り知れない。いまもって、私には「常人の感覚を超越した決断」としか評することができないのである。

彼ほどではないにせよ、もし私に「冷酷無比な一面」がわずかでも備わっていたら、これまでの監督人生も変わったものになっていたかもしれない。

## 「無形の力」を得る努力をしているか

私は「無形の力」という言葉をよく用いる。状況をよく見極め、相手の心理を読み、勝負の流れをこちらに引き寄せる「目に見えぬ力」である。

強いチームやビッグネームと試合をする際、戦う前から気圧《けお》されて萎縮《いしゅく》してしまうことがあるが、それは相手が無意識のうちに発する「無形の力」に屈したことになる。弱い側は、この力を意識的につくり出さねばならない。集積したデータを徹底的に分析し、これに感性と観察力、分析と洞察を加えることで、やがて「勝てるムード」が生み出され、チーム全体に自信という最大のパワーが身につく。たとえば奇策を使い、敵をあざむくこともまた、その方法の一つだ。意表を突く戦術を駆使して、心理的に相手を揺さぶる、それを続けることで「彼らは何をやってくるかわからない」というイメージを植えつける。先手を打つことで、相手が勝手に考えすぎて自滅してくれるのだ。

『氣～越えろ！～』――。

これが２００９年、楽天イーグルスのキャッチフレーズである。私は就任４年目のシーズンを迎えるにあたり、かなり悩んだ。

これまで3年間、やれ頭を使え、考えろと、こと細かく、そして口をすっぱくして言い続けてきた。しかし、その効力は期待を大きく下回り、イライラする毎日を過ごしてきた。特に、ある程度経験を積んだ者たちには効き目がまったくないように見えた。プロで10年、技術力だけで過ごしてきた連中に、いまさら頭ごなしに「考えろ」と説教したところで無理な注文であることがわかったのだ。

すると次第に、では原点に帰ろうではないかという気持ちになってきた。

周囲からは、「野村監督、今年は精神野球へ」などとトンチンカンなことを書きたてられた。しかし、それは的外れな指摘である。

〝氣〟とは、勝負の世界に漂う「流れ」であり、それをつかむために知力と気力を合体させて野球に立ち向かうことを掲げているのだ。要するに、「無形の力」を手に入れるために、最大限の努力をせよという意味なのである。

プロ野球選手になった以上、体力はもちろん気力を充実させるのは当然の大前提であり、そのうえで最終最強の武器である知力を旺盛《おうせい》に備えねばならない。それが私の考えるプロとしての原点である。

## テッド・ウィリアムズの打撃論

「天性には限界がある」と述べたが、ここで言う「天性」とは、「技術力」と置きかえてもいい。

現役時代、他の選手より力が劣っていることを自覚した私は、2倍、3倍もバットを振って鍛錬を重ねたのだが、一流打者への関門と言われた打率3割をどうしてもクリアできない。いくら練習しても2割5分にしか届かなかった。書店へ駆け込み、当時は珍しかった技術書を買い求めて読みふけったりもした。しかし、なかなか上達しない。思案のあげく、「足りない5分を埋めるためには、技術を磨いているだけではだめだ」と、私は思い始めた。

バッティングに行き詰まりを感じていた3年目のある日、西宮に住むある野球ファンのお医者さんから1通の封書が届く。開けてみると、そこにはガリ版で刷られた「論文」が入っていた。表書きには『テッド・ウィリアムズの打撃論』と記されてある。どうやら、お医者さんがわざわざ原書を翻訳して私にプレゼントしてくれたらしい。

そのドクターとはそれまで一面識もなく、いまのいままでついにお目にかかる機会もなく過ごしてきた。聞くところによれば、阪神の熱狂的なファンだったという。おそらくオープン戦で私を見かけて、なんとかしてやりたいと考えたのだろう。それほど酷いバッティングをしていたのか、もしくは将来性を感じてくださったのか……。

テッド・ウィリアムズといえばボストン・レッドソックスの主砲にして、大リーグ屈指の好打者である。1941年には打率4割6厘をマークし、以来4割打者はいまもって現われていない。素晴らしい技術の持ち主であろうことは想像できたが、果してそんな偉大な選手の打撃論が私にとって有益なのかどうか……。

この本はバッティングの技術論に終始しているのだが、それはともかく、何より私の心に引っかかったのが、「バッターボックスで相手投手の動きを見れば、8割以上の確率で球種がわかる」という記述だった。ピッチャーは投げるとき、ストレートと変化球では大なり小なりモーションに変化が生じるという。そして、ジッと観察していれば、必ず気がつくと言っているのだ。

「そんなことが可能なのか」と、当時は半信半疑にその言葉を受け止めた。後にそれが「癖」を見抜くことだと気づくのだが、文章のなかではすべて「変わる（変化が生じる）」と表現されていた。

当時、日本の野球界にそのような発想は微塵《みじん》もなく、私とて初めてお目にかかる話だった。さっそく、ブルペンで味方のピッチャーから球種ごとのボールの握りを見せてもらった。なるほどストレート、カーブ、そしてシュートとすべて違う。そして球種ごとのフォーム、球の出所も微妙に違っていることに気づいた。テッド・ウィリアムズはきっとこのことを言っているのだな、と合点した。

このような話をすると、現役の選手たちに限らず、周囲から口々に「そんなことも知らなかったんですか」と呆《あき》れられる。しかし、それが精神野球全盛時代の真実である。

師である鶴岡監督からは、「ボールをよう見て、スコーンといけ！」としか教わらなかった。考えてみたら、それはまさしくバッティングの奥義をひと言で表わす、究極の打撃論である。しかし、そこに行き着くまでのプロセスはすべて気合いや根性でしかない。これでは理論や技術が芽生える余地はなかったのである。

私はテッド・ウィリアムズの「助言」をヒントに、ライバルチームのピッチャーが球種によってどのように「変化」するのか、必死に探り出そうとした。バックネット裏に16ミリフィルムのカメラを設置し、それぞれの癖を洗い出していったのである。すると、出るわ出るわ、あらゆる選手から特徴が見え始めた。

当時は投球モーションに入るとき、ボールを握った手をグラブから出して振りかぶる投げ方をする投手ばかりで、面白いようにサンプルを集めることができたのだ。こうして、それまで打ち崩せなかった宿敵・稲尾和久（西鉄ライオンズ）の癖も発見し、攻略することに成功したのである。

いまでもベンチから相手ピッチャーの投球を見て、「真っ直《ます》ぐ」「カーブ」とつぶやいていると、あまりにもズバリと的中するので選手たちはビックリする。しかし、どこを見ればいいか教えてやっても、選手たちはまだ理解できないでいる。50年も訓練した目と初心者の目では、見えるものが違ってくるのは当たり前だ。キャリアはウソをつかない。継続と蓄積に勝る強みはないのである。

## 私が犯した2つの判断ミス

人は成長するとき、何らかのヒントをキッカケにすることが多い。しかし、たとえその示唆が身の回りに転がっていても、本人にそれをモノにする〝氣〟がなければ、チャンスは目の前を通り過ぎていくだけだ。

私はテッド・ウィリアムズの言葉に触発され、それを契機に「癖を盗む」という大きな武器を手に入れ、3割バッターへの道を開いた。ただ、もしそのとき貪欲《どんよく》な向上心を持ち合わせていなければ、宝のようなアドバイスも右から左へ流れていったのだと思う。

「諦めが役に立つのは、新しくやり直すときだけ」

私自身が心にとどめ、いつの時代も選手たちに伝え諭してきた言葉だ。何が何でもうまくなってやるという執念があれば、「感じる」ことができる。諦めは、人を鈍感にする魔物であり、野球選手が陥ってはならない心の罠《わな》なのである。

私がよく用いる「観見二眼」も、心のありようを表わしている。人には「観」と「見」の2種類の目付けがあり、双方を使いこなして初めて事の本質を理解することができるという、宮本武蔵が『五輪書』で著した至言である。

人は目の前の動きだけにとらわれてはいけない。その背景にある真実を見抜いてこそ、敵と自分に打ち克《か》つことができる。これはまさに野球という〝勝負の世界〟で生きる者にとって、大げさではなく「生死を分ける」資質である。投げて、打って、走るという単純な対象だけを「見る」自分と、その裏側にある敵や味方の心理、欲得を「観る」もう一人の自分。主体と客体を同時に得てこそ、プロ野球選手としての成長が見えてくるのだ。

判断と決断が正しく合体すれば、自《おの》ずと成功が近づいてくる。これを誤れば大きな痛手を被ることになる。監督という立場にいると、一つの判断ミスが取り返しのつかない敗北へとつながる。

私は昨年(2008年)、投手の起用と育成という2点において判断ミスを犯してしまった。

まず一点、それは開幕にあたって、ドミンゴ投手をストッパーとして使ったことだ。前年を限りに福盛和男が退団したことで、抑え投手の不足は周知の事実だった。そこでキャンプ期間中に、後任として候補を3人に絞り、最終的に私がドミンゴを指名したのである。ところが、ご存じのとおり、開幕のソフトバンク戦でいきなり柴原洋に逆転サヨナラ3ランを浴び、リベンジにと、9回2アウト三塁の場面でマウンドへ送った第2戦でも同点に追いつかれ、結果的に試合を引っくり返された。

チームはこの敗戦を含め開幕4連敗を喫し、大事なスタート時点でいきなり挫折《ざせつ》を味わうことになったのである。以来、シーズンを通して抑え投手を定着させることができず、結果的に前年から順位を落としてしまったのである。

得点、防御率など主要な部門で成績を向上させながらの5位。これは、チームのセーブ数がわずか18と圧倒的な最下位に終わったことによるものだ。接戦を落とす最悪の傾向がはっきりと数字に表われている。

もしも私がキャンプ中からしっかりと適性を見極め、正しい判断を下していれば、ひょっとすると開幕早々つまずくことはなく、さらにはクライマックスシリーズ進出も叶《かな》ったかもしれない。そもそも「人材の補強」というチームづくりの前提から後手に回っていたのは確かだが、的確な判断をもってそれをカバーできなかったことが悔やまれる。

## マーくんへの誤ったアドバイス

もう一点は、マーくんこと田中将大についてである。この件は、チームの下位転落へ直結したわけではない。しかし、岩隈久志と並んでローテーションの軸と想定していた投手が勝ち星を増やせなかったことは、岩隈があれだけ大車輪の活躍をしてくれただけに、チーム事情からしても惜しまれる結果だった。

１年目の07年、11勝をマークして新人王となったマーくんだが、私はそのピッチング内容に不思議な感覚を抱いた。

なぜなら、投球内容が変化球を主体としたものだったからだ。高校からプロ入りし、いきなり活躍するピッチャーは過去に数例しかないが、東映の尾崎行雄や松坂大輔など、いずれも威力のあるストレートをピッチングの軸に据えていた。

　ところが、彼は違った。決め球はおおかた、真っ直ぐよりも低めにコントロールされた変化球だったのである。もし、これでストレートの威力が増せば、将来は球史に残るような大投手になれるのではないか。そう思ったのが間違いの始まりである。

　たしかに、ピッチングの基本はストレートにある。あらゆる変化球はここを基準に「変化」するのであり、根本ができていれば後は応用を利かせていけばいい。

　私はマーくんに、「ストレートをもっと磨け」と指示を下し、彼もそれに従った。まだ若いのだから、練習次第ではスピードがアップし、その威力はどんどん増していくと思ったのだ。

　ところが、結果的にそれは「幻想」に終わった。

　真っ直ぐを主体としたピッチングに切り替えたとたん、それで三振を取りたくなる。しかし、あまりにも結果主義に走りすぎたため、ピッチングにとって最大のテーマである、「キレ&コントロール」がないがしろになった。過程重視の「プロセス野球」を標榜《ひょうぼう》する私としたことが、その正反対のやり方を彼に強いてしまったのだ。

　変化球に頼るピッチングをしていると、どうしても「技巧派」というレッテルを貼られてしまう。このフレーズにはあまりいい響きがない。ましてや若いだけに、どうしても「本格派」と呼ばれるように育ててやりたいという親心も働いた。彼がもし19歳でなかったら、こんな発想は湧《わ》いてこなかっただろう。その若さ、年齢に過大な期待をかけてしまったのだ。快速球で敵のバッターをバッタバッタと打ち取る夢を追いすぎた。

ストレートの威力ばかりに気をとられ、結果が欲しいばかりに無駄な力が入ることで、バランスが崩れる。すると、コントロールは失われる。悪循環の始まりである。まったくバカなことをさせてしまったものだと、私としては反省しきりである。

当然、今年（２００９年）はコントロール重視の投球を指示している。そうするとストレートも速くなったのだから、面白いものだ。

## 囁き戦術が通用しなかった王、長嶋

ここでまた、現役時代の「勝利へのこだわり」について話をしたい。

私は試合が完全に相手のペースとなってしまったときに、切り札としてとっておきの奇策をよく持ち出した。マスク越しにバッターへ「言葉のプレッシャー」をかける、いわゆる〝囁《ささや》き戦術〟である。

キャッチャーとしての観察眼が冴《さ》え渡り、思い通りのバッテリーワークができているときは、わざわざ余計な行動に出る必要はない。

しかし、どうにもうまくいかないときは、相手の心理を間接的に利用するだけでは間に合わず、この手を使って打線に直接的な揺さぶりをかけるのだ。それによって集中力と積極性という、バッティングにとって大事な二大要素を何パーセントか軽減しようという狙いである。

数多くのバッターに戯言、軽口を吹きかけ、ときには毒舌を交えて囁いてきた。できるだけ心が乱れるようにと、公私ともども有力選手の情報収集にも余念がない。特に女性関係ネタはよく効くので、普段から取材は欠かせなかった。この場合、あまりクドクド言わずにスパッとひと言、噂《うわさ》の女性の名前を発するほうがよい。短く鋭い台詞《せりふ》ほど、心にグサリと刺さるものだ。

バッターがイライラし始めると、しめたものだ。こちらの術中にまんまとはまっている証拠だからだ。なかには、白仁天（元東映フライヤーズ）のように耳栓をして打席に入ってくる選手もいた。これもまた、囁きを意識しているからであり、すでにこちらのペースにはまっているのである。

囁いた本人はその内容をいちいち全部覚えているわけではないのだが、囁かれたほうはかなり印象に残っているらしく、先日も私のもとへやってきては、「あのときの野村さんのひと言は一生忘れられません」と言い残した元近鉄の選手がいた。

そのとき私は、右打席に入ったその男に、「おまえ、監督に右へ打てって言われたやろ」と、ズバリ指摘したらしい。図星だっただけにどうしていいかわからなくなり、おまけにインコースを攻められるのではないかと疑心暗鬼となって、おあつらえ向きのアウトコースを引っ掛けてショートゴロに倒れてしまったのだという。

まるで笑い話のようだが、これもまた真剣勝負の舞台で展開される「小さな戦い」の一つなのだ。

日本シリーズで巨人と対戦したときには、王貞治、長嶋茂雄という中心打者へ囁き戦法を使ったのは言うまでもない。ところが、この二人にはまるでこの作戦が通用しなかった。王は私がチクチク個人的な話題を話しかけると、「やめてよ、ノムさん」と気にする素振りを見せるのだが、いったんピッチャーが構えに入ると、あらゆる邪念が取り払われたかのように心身を引き締める。いったいあの集中力はどこからやってくるのか、ほとほと感心させられたものだ。

一方の長嶋は、「ぜんぜん人の話を聞かない」という点で恐ろしい選手だった。

「チョウさん、最近銀座へ遊びに行ってる？」などと話しかけたところで、まったく

1962年のオールスターで、囁き戦術が効かない長嶋を三振に仕留めた米田と野村。

の上の空。逆に「このピッチャーどうなの、ノムさん。速いの？」などと勝手に話しかけてくる。そんなことは見ればわかるだろと、こちらがイラついてきたりする。この私を囁きで翻弄《ほんろう》し返してきたのは、後にも先にも長嶋茂雄ただ一人である。

## 野次のうまさで雇った選手

「囁き」がキャッチャーからバッターへの密《ひそ》かな攪乱《かくらん》戦法だとすると、ベンチで大声を張り上げ、ときに敵の神経を逆撫《さかな》でし、味方を鼓舞するのが「野次」である。どのチームにも1人や2人、「野次将軍」がいるものだが、彼らはベンチのムードを盛り上げ、ナインの士気を高めるためには欠かせない貴重な戦力である。

私の脳裏に最も強烈に焼きついている〝野次のスペシャリスト〟は、72年に南海へやってきた大塚徹である。前年にヤクルト・アトムズを自由契約となり、行き場がない状態だったのだが、「プレーヤーとしてはともかく、野次がうまい」との評判を聞きつけ、監督である私の一存でチームに引き入れた。

その「実力」は本物だった。

ある試合で、相手ピッチャーの調子がよく、打線が手も足も出ない状況になったときのことだ。監督兼任で四番も務めていた私が凡退して帰ってくると、ベンチは沈うつなムードが充満していた。

そのときである。

「何をシュンとしている。監督で四番のバッターが打てないんだ。おまえら心配するな、打てなくて当たり前じゃ！」

大塚の声がベンチのなかに轟《とどろ》きわたり、それをキッカケに一気に空気がなごみ、試合に対するモチベーションが改めて沸きあがったのである。一人の選手の声が、ここまでムードを変えるものかと、私は大いに感じ入った。

シーズンが終了するたびに、球団社長からは「監督、大塚はちっとも試合で使われていないし、もう要《い》らないんじゃないの」と言われたが、「いや、立派に戦力になっている」と私は引きとめ続けた。これほど言いにくいことをハッキリ口にする選手はめったにいないし、何より言葉にセンスを感じたからだ。

パ・リーグの試合は観客が少なく静かだったので、あの大音声がまたよく響くのだ。大塚が野次ると、向こうのベンチでは「大塚、出て来い！」などと言いながら、相当カリカリきている。当の本人はまったく動ずることもなく、さらに音量をアップして口からミサイルを発射しまくるのだ。

実際、右打ちの外野手で、それほど足も速くない大塚にはほとんど出番は回ってこなかった。しかし、インコースにボールが来ても決して逃げないガッツの持ち主で、コツコツとファウルで粘りながらフォアボールを上手に取る。だから、満塁の場面でときどき代打起用したぐらいだ。

しかし、彼はベンチのなかで大いに働き、チームに多大な貢献をしてくれた。「声」は野球の一部であり、そういう意味では大塚は「立派なプロ野球選手」だったと言える。

最近は「センスを感じさせる野次」が減ってきた。また、お通夜のようなベンチを一瞬にして明るく変えてしまうようなキャラクターもほとんどいない。

楽天イーグルスでは、いつも声を張り上げていた関川浩一が引退してからというもの、せいぜい塩川達也が孤軍奮闘、たった一人で重責を担っている状態だ。「声の連携」と言えば、団体競技の基本であり、チームに活気を与える武器でもある。〝ムード〟という実態のなさそうなものこそ、私は最大の「無形の力」だと思っている。

## 対応別バッターの四分類

チームとして勝利を目指すとき、そこには必ず中心選手を据えなければならない。エースと四番はその象徴であり、他の選手の模範となるべき存在である。中心なき組織は機能せず、勝利への道のりも険しくなる。彼らもまた「勝てるムード」をつくり出す大きな存在なのだ。

では、投手と野手とではどちらが「中心」としての役割が大きいのか。試合の行方は7割方ピッチャーの出来によるし、したがって先発エースの存在が極めて重いのは言うまでもない。しかし、彼らはせいぜい1週間に一度、ゲームに登場するだけだ。つまり、連綿とナインに影響力を与えるのはやはり「四番打者」ということになる。

緊迫した試合展開、接戦ともなると、監督からコーチ、選手にいたるまでベンチにいる者はみな口には出さないものの、「四番がなんとかしてくれ」と寄りかかってくる。私はそのプレッシャーをイヤというほど味わってきた。そして、その重圧を糧《かて》として成長してきたのである。

具体的には、ホームランを打つことよりも打率にこだわってきた。正直言って、ホームランを打つことに関しては執着せずとも実績を残すことができたからかもしれない。したがって、集中力はすべて「3割キープ」に注がれた。四番という仕事を任されている以上、2割台の打率では失格である、と自分に言い聞かせてきた。

では、3割バッターになるための最大の関門とは何なのか。

それは、「変化球への対応にある」と私は断言する。あれこれと解説すれば長くなるのだが、ひと言で表わすならば、そういうことだ。それが世界中の野球選手にとって共通のテーマであり、打率をアップさせることやホームランを増やすことなど、すべての打撃成績を向上させることにつながる条件である。

バッターとしての資質には、当然ながら個人差がある。瞬発力、反射神経の程度、あるいは器用、不器用の差などがそれぞれにあり、変化球への対応のしかたには自ずと違いが出てくる。きちんと打てるようになりたければ、まず自分がどういうタイプのバッターなのかを自覚せねばならない。変化球克服への道は「己を知る」ことから始まるのだ。

私はいつもバッターを対応別に分類して説明している。

ストレートに重点を置き、変化球に対応するA型。

内か外か、打つコースを決めて待つB型。

左方向か右方向か、打つ方向を決めてかかるC型。

そして、球種にヤマをはって待ち構えるD型の4タイプだ。

理想の型はA型であり、この打ち方を体得したバッターが最も高打率を望める。コースを決めたり、ヤマをはってばかりでは、プロとして最高のレベルに達することはない。なぜなら、自分で「打てない」あるいは「打つ気のない」ボールを設定してしまうからだ。

たとえストレートを待っていても、甘いコースへ抜けてきた変化球を打ち返して初めて一軍の打者といえる。

## 「ヤマをはる」ということの意味

また、低めのボール球に対する見極めも、極めて大事なポイントだ。

凡百のバッターは、ワンバウンドしそうなボールにもバットが止まらず、簡単に三振してしまう。何を隠そう、この私もその一人であり、したがって八番から七番、六番と打順が上がり、四番に到達するまで長い時間を要してしまった。

〝三振王〟から〝三冠王〟への道程には、変化球という「越えねばならない大きな壁」があったのだ。

「低めの変化球への見極め（ボール球）」という点では、私の知るかぎり、パ・リーグでは故・山内一弘さんと落合博満が双壁《そうへき》であった。マスク越しに「どうしてバットが止まるのだろう」と不思議でならなかった。この二人のようにあらゆるカウントで、たとえ追い込まれてもA型で打率を残せるバッターこそ、天賦《てんぷ》の才を与えられた好打者と言えよう。現代で言えば、イチローがその代表格である。

天性だけで対応できるバッターなら苦労はしない。しかし、自分にそこまでの才能がないと判断したら、あとは本人の創意工夫と努力次第で将来の成績が決まる。

たとえば、フォークボールにどうしてもタイミングが合わないと嘆く選手には、思い切ってＤ型に切り替えてバッターボックスに立つことを勧める。もしヤマが当たってヒットでも打てば、相手バッテリーは次回から警戒の色を強めて、当然攻め方を変えてくる。

もちろん、「ヤマをはる」という行為には緻密《ちみつ》な準備が必要だ。〝観見〟をフル稼働させてピッチャーの癖を見抜くこともそうだし、バッテリーの配球傾向から「読む」こともある。当てずっぽうの決断は、勝ち目のないギャンブルに身を投じているようなものだ。

私が変化球を克服できたのも、ひとえに「観察」と「読み」の成果であった。行動には目的と同時に根拠がなければならない。「ヤマをはる」という行為と「イチかバチか」を混同してもらっては困るのである。常にデータを中心に相手の投球分析をしておくことが大事である。

第2章

# 人生「現役」へのこだわり

## 成功した者の共通性

私はこれまでの人生において多くの節目に遭遇し、そのたびにそれを貴重な転機として自分の味方としてきた。

振り返ってみれば〝まさか〟の連続であり、波乱万丈という以外たとえようのない日々だった。しかし、なぜ私が野球の世界で成功できたのかと言えば、それはひとえに「うまくなりたい」「勝ちたい」と念ずる心が、少しばかり他人より強かったからだろう。

私はこれまで節目ごとに、「人には恵まれてきた」と思っているし、力を与えてくれた人々への感謝を忘れたことはない。ただ、それもまた、生きることや野球への執念が引き合わせてくれたのではないかと、いま振り返るとそう思えてならない。

ウェイン・W・ダイアーという有名なアメリカの心理学者が、「成功者となった人の共通性」として14項目を挙げているが、その前提としてこのように述べている。

【願望を持った瞬間から頭脳や肉体が自動的に作動する】

これこそ私の生き方そのものであり、近年初めてその言葉に接したときには、「我が意を得たり」の心境となった。

さらに項目を列挙するならば、【現状に満足することなく、次々と高いレベルを目指している】【己の能力や性格をよく把握している】【企業（組織）優先主義に徹している】など、すべてにおいて私に当てはまるではないか。私には、成功者になる資質が生来備わっていたということだろうか。もしそうだったとしても、過去の自分に照らしてみれば、自分の信念に基づき、そのときを懸命に生きていただけである。

ダイアーは項目の最後にこう記している。

【成功者は口を揃《そろ》えて「運がよかった」と言い張る】

私の場合、「まさか」という「運」が次から次へと身に起こり、それをチャンスに転化して人生を切り拓《ひら》いてきたと言えるだろう。

## 野球部廃部を阻止するために生徒会長に

3歳で父親を戦争に奪われ、兄とともに母親の女手一つで育てられた私は、その母親の〝生きる力〟によって1番目の節目を乗り越えることができた。元来病弱であった母は、大病を患い生死の境をさまよう。もし、あのときそのまま母が不帰の人になっていたら、私たち兄弟は親戚の家に預けられ、人生の異なる入口に足を踏み入れていたことだろう。

さらに貧困のさなか、母から中学卒業後に就職を求められていた私を救ってくれたのが兄であった。兄は自分の大学受験を諦《あきら》め、私が高校へ進学する手助けをしてくれたのである。もし、このサポートがなければ、もちろん今日の私はいない。これが第2の節目であった。

ここまで家族の支えによって歩んできた私は、高校進学によって組織と指導者に助けられることになる。

中学時代、歌手になる夢を断ち、俳優になる願望も鏡と相談して諦め、野球一本にのめり込んでいた私は、京都府立峰山高校の野球部に入部した。

ポジションはそのときすでにキャッチャーと決まっていた。私がなぜキャッチャーになったのかと言えば、「座りがよかったから」ということになる。

中学時代から、「おまえが構えていると投げやすい」とよく評された。私自身、「そんなものか」とその点については半信半疑だったが、9つのポジションのなかで最もボールに触れる機会の多いその場所が、楽しくてしかたなかった。たまに草野球で三塁を守ったりもしたが、なかなかボールが飛んでこないし面白くもない。自分には初めからキャッチャーしかなかったのである。

さて、峰山高校野球部である。これが弱いうえに、校舎のガラスは割るし、単位はろくに取れない連中ばかりで、不良集団のレッテルを貼られ、とうとう3年生のときには「廃部にしてしまえ」という動きが出てきたのである。もし、あのとき野球部が廃部となっていたら、私の「球界への進路」はその時点で途絶えていたことになる。

その危機を救い、プロ野球入りへ私の背中を押してくれたのが、当初は「野球部潰《つぶ》し」の推進役だった生徒指導部長、清水義一先生である。地元の僧侶《そうりょ》でもあり、堅物であった清水先生をなんとか「野球好き」に仕立てるために、私はあらゆる手段を講じた。「将を射んと欲すれば先《ま》ず馬を射よ」ではないが、清水先生の小学生である2人の息子を手なずけ、興味津々の勢いでベンチに入れてスコアブックまでつけさせ、すっかりこちらの友軍としてから、「今度、親父さんを試合に連れてきてよ」と誘いをかけたのだ。

戦後復興の途上にあり、日々の楽しみを渇望していた当時の日本では、野球こそが娯楽の王様となりつつあった。町対抗の高校野球の試合ともなれば、大勢の観客が押しかけ、応援合戦が派手に展開されていた。

この作戦はズバリ的中した。観戦に訪れた清水先生はすっかり興奮して、「ほんまに面白い」と、すっかり野球の虜《とりこ》になったのである。

この機を逃す手はない。私はさっそく生徒会長に立候補し、〝脅し半分〟で見事当選。普通科の生徒が就任するのが相場と決まっていた生徒会長に、工業科の私がなろうなどとは分不相応と思われていたフシもあるが、「念ずれば通ず」であり、「根拠と目的を持った行動に勝るものなし」である。

かくして〝権力〟を得た私は、清水先生とさらに懇意となり、野球部の部長になっていただくことに成功したのだ。

## 鶴岡監督からの直筆の返信

高校の野球部時代、プロ野球への淡い希望を抱いてはいたものの、それが現実になるとは正直、想像もしていなかった。実際、鐘紡淀川への就職も内定し、母の念願を叶《かな》えることも頭にはあった。しかし、清水先生の強いバックアップもあり、私はプロ野球球団のテストを受けることにしたのだ。

受けるからには、対策を練らねばならない。20代のキャッチャーがレギュラーとなっているチームはまず除外した。入団したとてチャンス到来まで何年かかるかわからないからだ。そこで、30代半ばで、先が短い選手がキャッチャーをしている広島、南海を目標に定め、テストを受けようと決めた。しかし、情報もろくにない片田舎の高校生には、どうやって「受験」したらよいのか、その見当すらつかない。

そのとき、南海や広島ばかりか、大毎、阪神、阪急など各球団宛《あ》てに「ぜひこの選手を見てやってほしい」と、手紙を書いてくれたのが清水先生だった。

果たして、返事が来たのは南海ホークスただ1球団。

「テストを受けに来なさい」という、鶴岡監督からの直筆の返信だった。私は見せびらかしたい衝動を抑え、その手紙を定期券入れにしまいこんで、その日を待った。それが、私と鶴岡監督との「出会い」であり、波乱に満ちた交流史の序章だったわけである。

一方、清水先生はすっかり〝野球狂〟となっており、「南海がいちばん選手を育てるのがうまい」と言って、その知らせを大いに喜んでくれた。さらには、大阪行きの交通費を快く貸してくれもした。私はこうして第3の節目を突破し、プロ野球選手の〝端くれ〟になるきっかけを与えてもらったのである。

## 人生の節目には「なにくそ！」

1954年、私はテスト生という身分からプロ野球人生をスタートさせた。まさに〝どん底〟からの旅立ちである。以来、私は気力、体力の限りを尽くしてこの世界に食らいついてきた。貧しい生活が長かったために、「金持ちになりたい」という願望が巨大なエネルギーとなって私を動かした。そして、その思いが知力という新しい武器を生み、さらに高みへと押し上げてくれたのである。

そして、気がつけば50余年にわたる野球人生を経てなお、いまもユニフォームに袖《そで》を通し、真剣勝負の場へ赴くことができている。

70歳をゆうに越えたこの私がいまもって「現役」として働いていられるのはなぜか。それは、第4、第5、さらに連綿と続く節目にあたって、いつも「なにくそ！」という反発心を抱いてこられたからではないかと思っている。

言ってしまえばそれだけのことだが、並大抵ではない逆境を何度もくぐり抜けてこられた理由は、そうとしか表現できない。

## 日本一の二冠王なのに減俸された

南海ホークスに入団後、3年目にレギュラーの座をつかんだ私は、4年目の57年に初のタイトルとなるホームラン王を獲り、その後も順調に実績を重ねてパ・リーグを代表する選手とまで言われるようになっていった。

年を経るごとに、自信という大きな「無形の力」を手に入れながら、決して現状に甘んじることなく日々を過ごしてきたつもりである。

59年にはエース杉浦忠の4連投4連勝で巨人を破り、初めての日本一を勝ち取る。さらに64年には阪神タイガースを下して2度目の日本シリーズ制覇を達成。そのとき、すでに私は前年にシーズン52本塁打という当時の日本記録を打ち立ててもいた。

年俸の更改時期になると、私は決まって〝トリ〟をとることになっていた。日本一となった64年もまた、そのつもりでいたのだが、その年に球団社長に就任した新山滋さんはなんと、私をトップバッターに指名したのである。

おかしなことをする人だなとは思ったが、さほど気にかけることでもない。何番目でも額に関係はあるまいと、悠然と私は球団本社を訪れた。日本一になったうえに本塁打、打点の二冠も獲っていたし、いつものように「球団側には不利になる」昇給データなど提示せずとも即決だろうと、高をくくっていたのである。

ところが、青天の霹靂《へきれき》とはこのことだ。提示された条件が〝20%ダウン〟だったのである。果たして古今東西、優勝して打撃タイトルを2つも獲得した選手が、ダウン提示を受けたためしがあっただろうか。

私はあまりの仕打ちに絶句して、無言のままその場を離れた。たしかに、同年の打率2割6分2厘は主力選手となって以来、最低の数字ではある。しかし、これまた前年を下回ったとはいえ、41本塁打、115打点という成績は控えめに見積もっても悪いデータではない。しかも、この2つはリーグで一番なのである。

〝策略更改〟とはこのことで、要は予算削減を目論《もくろ》む球団が、その狼煙《のろし》として私を利用したのである。

「野村がこれだけ下がるんだから、おまえも我慢しろ」という口実づくりだ。

その影響は他球団にも波及し、張本勲（東映フライヤーズ）からは「野村さんの件で僕らまで給料を下げられそうですよ」と電話がかかってきた。「だから、絶対にハンコを押さないでください」と言うのだ。

私は粘りに粘ったが、ついにキャンプも終盤、交渉の末にしぶしぶ「3％減俸」で契約を更改することにした。

悔しかったが、どうしようもない。コストカッターのプロは手強《てごわ》い。

最後の話し合いはケンカ腰である。

「じゃあ、どうすれば昇給してもらえるんですか」と問い詰める私に対して、新山社長はのらりくらりとかわそうとするので、思い切って「三冠王でも獲らなければアップしないんですかね」と言い放った。

「それもひとつだな」

「わかりました。三冠王獲ればいいんですね」

最後に捨て台詞をはいて、私は席を辞したのだった。

更改に際してこれほど悔しい思いをしたのは、このときが最初で最後だった。

プロである以上、年俸額はその選手への「目に見える評価」である。野球に限らずプロ選手なら、「金に対する欲望」を露《あらわ》にするのは決して憚《はばか》るべきことではない。生涯初の減俸は、私の心に執念の炎を灯《とも》したのである。

翌65年、私は打率3割2分、42本塁打、110打点の成績を残し、戦後初の三冠王を獲得する。それは、まさに意志の力によって頭脳と肉体が突き動かされた結果だったのだ。

## 「野村をクビにしてもらって構わん」

77年のシーズンオフ、私はそれまでに味わったことのない挫折《ざせつ》に直面する。南海ホークスで兼任監督という「無謀な大任」を仰せつかり、8年の歳月を経た後のことだった。それまで優勝こそ73年の一度だけだったが、チームはAクラス入り6回と、決して恥ずべき成績を残したつもりはなかった。しかし、仕事とは無関係の女性問題を新聞ネタにされたことが発端となり、「解任」という断罪に処せられたのである。

ことの経緯については、すでに何度も報じられ、私自身も過去にさまざまな場面で語ってきたので多くは割愛する。ただ、この一件で私は、人の情けや本性というものをまざまざと見せつけられた気がするのだ。

私と現在の妻である沙知代との交際がスポーツ紙の一面に掲載されたことで、当時の南海球団はその〝問題〟の収拾にとりかかる。私がまだ前妻との離婚を成立させていなかったことで、そこには〝愛人〟という表現が飛び交っていた。それもまあ、いたし方のないことだ。

私は自身の後援会長である比叡山《ひえいざん》の高僧に呼びつけられ、真意と進退について追及されたのである。

私の後援会長は単刀直入に「別れろ」と述べた後で、こう問い質《ただ》した。

「ここではっきり決めろ。おまえは野球を取るのか、それとも女を取るのか」

「女を取ります」

「いいんだな。もう野球ができなくなるぞ」

「ああ、いいです。仕事はこの世にいくらでもありますが、伊藤沙知代という女は世界に一人しかいませんから」

面談はあっという間に終わった。私は寂しさを胸に、場合によっては会長に紹介するため車で待たせていた妻に結論を伝えた。そこからが見ものだった。いきなり車を飛び出した彼女は、小僧の制止を振り切り、寺の奥へと突き進み、会長に向かってこう啖呵《たんか》を切ったのだ。

「野村を守るのがあんたの立場でしょ。野球ができなくなるとはどういうことだ！」

会長はどう出るのかと恐る恐る見ると、慌てて電話の受話器を持ち上げ、「警察を呼ぶぞ」ときた。

このとき私は、会長に対する尊敬の気持ちがきれいに吹き飛んでしまった。こちらの非礼を承知で言わせてもらえば、厳しい修行を経てきた偉い僧侶《そうりょ》ともあろう人が、女一人の剣幕に「警察云々《うんぬん》」で返すことはないだろう。

後日、球団首脳に元老格である鶴岡前監督、それに当の後援会長を加えた5名による会議が開かれ、私の解任が決まったのである。形式的には辞任ということになったが、真相はそういうことだ。

ただその際、後援会長が「野村をクビにしてもらって構わん」と述べたことに、川勝傳オーナーが逆にびっくりしておられた。オーナーは当然、後援会長が私を擁護するだろうと予想し、そうなれば成り行きで野村残留という線に持っていけたというのだ。私には何ら後悔はなかったが、その話を川勝さんから聞かされたときには、二重の寂しさを感じたものである。

人は思わぬところで人生の岐路に立つものだし、そんな人間を一つの方向へ導くのも人の力である。一連の騒動に際して最後まで気にかけてくれ、私にとって防波堤となってくれたのが川勝オーナーだった。

「君を最後まで守れなくてすまなかった」と言われたときには、胸に迫るものがあった。

「いえ、悪いのは私のほうですから」と返すのが精一杯だった。

その後、川勝さんは私の進路についていろいろと力を尽くしてくださることになる。

## 南海からロッテへ

それにしても感心させられたのは女房の姿勢である。会長に対する啖呵もさることながら、辞めると決まった後、間髪を入れず「こんな大阪にいることはないわよ。東京へ行きましょう」と言って意気軒昂《けんこう》に振る舞うのである。

とは言え、私はと言えば、まだ幼い克則を抱え、心中は焦りと不安で充満していた。おそらく、二度と野球はできないだろう。いったいこの先どうなるのだろうと、東京へ向かう車のなかでは落ち込みっぱなしであった。

そんなとき、女房がポツリと言ったのだ。

「なんとかなるわよ」

根拠などまったくなくても、自信に満ちあふれたその態度。実際、なんとかなってしまうのだが、このときほど彼女の言葉に救われたことはない。そして、感じた。

「この女はただ者ではない」と。

東京へ着いた私は、職探しをせねばならない、と構えていた矢先、ロッテ・オリオンズから「選手として獲得したいという」話が舞い込んだ。実は川勝オーナーがロッテの重光武雄オーナーに直接連絡をとって、「おたくは若いチームだし、きっと損はないはずだ」と私を推薦してくれたのである。

ロッテ球団に挨拶《あいさつ》に出向いたところ、「若い子たちにいろいろ教えてやってくれ」とフロントに頼まれ、私は乞われてここにいるのだという実感を噛《か》みしめていた。

## ロッテの監督要請を断る

すでに私は42歳になっていた。プロ野球選手の〝平均寿命〟はもうとっくに過ぎている。78年1月、川崎球場で自主トレが始まった。外野をランニングしているときのことだ。ふと気がつくと、隣で18歳の新人選手が走っている。

「おまえのお父さん、いくつだ?」とたずねると、私とほぼ同じ年齢だった。

そのとき、はたと疑問が湧《わ》いてきた。

「なぜ、俺はこの歳《とし》になってまで野球をやらにゃあいかんのだろう」

現役生活で初めて、虚《むな》しい気分に陥った。何が「生涯一捕手」だ。42歳にもなって惨めったらしい。早く辞めて後進に道を譲ればいいのに……と囁《ささや》く自分がいた。

しかし、もう一人の私が強くそれを否定した。

「ここでへこたれていては、俺を追い出した南海を見返すことができないぞ」と。自らを奮い立たせ、私はトレーニングを再開した。

ただ、ロッテで過ごした1シーズンは、正直言って居心地のいいものではなかった。キャンプが始まり2、3日すると、金田正一監督から呼び出され、こう切り出された。

「悪いけど、選手には教えないでくれ」

入団するとき、若い子にコーチをしてやってくれと社長に頼まれた私としては、なんとも解せない話である。しかし、よく聞くとコーチ陣が私を煙たがっているらしい。確かにヘッドコーチは私より一つ歳が下であるし、直接は言い出しにくかったのだろう。

なるほど、私は現場にとっては〝招かれざる客〟だったというわけだ。監督までしていた男が下にいたのでは、カネさんとしてもやりにくい。ましてや、選手たちは私を慕って次から次へ質問を浴びせてくるし、コーチ連中にしてみれば面白いわけがない。邪魔者以外の何ものでもなかったのだ。

そんなギクシャクした雰囲気のなか、迎えた9月のある日、重光オーナーからお呼びがかかった。不穏なタイミングだなと私は感じた。

と言うのも、金田監督の素行について、私がフロントへ密告しているのではないかと、金田さん自身が疑っていたからだ。優勝の可能性が消滅した後、監督はゴルフ場から球場へ直行することが多くなり、ときに遅刻することもあった。それを私が球団へ告げ口していると誤解していたのだ。直接、監督からも追及されたが、身に覚えのない私は、ただ否定するのみである。同時に、ペナントレースから脱落したことで、「金田監督解任へ」などという報道がかまびすしい時期でもあった。そんなときにオーナーのもとへノコノコ訪ねていけば、「野村、次期監督か」となり、カネさんとしては、「やっぱりあの野郎」となるではないか。

東京・初台にある重光邸に到着したのは、午前7時だった。応接へ通されるや、オーナーとともに待ち構えていた松井静郎球団社長が、前置きもそこそこに口火を切った。

「お察しだろうけれど、監督をやってくれないか」

やはり、案の定である。私はカネさんとのやりとり、経緯を話し、「ここで私が引き受けたら、あの人は100％誤解します。彼の手前、引き受けるわけにはいきません」と、きっぱり断った。しかし、球団側もしぶとい。

「チーム状態がお先真っ暗ないま、野村君に再生してもらうしかないんだ」となかなか引き下がってくれない。「本当の野球を教えてやってほしい」とまで言われ、熱心に誘っていただいた。

屋敷を辞すとき、すでに時計の針は午後3時を回っていた。交渉は8時間以上も続いていたのだ。

最終的には、私が頑《かたく》なに固辞したことでこの要請は破談となったわけだが、もしこのとき誘いを受けていたら、私の現役生活はそこでピリオドを打っていたことになる。

プロ野球界もまた、人間社会に変わりはない。そこでは勝利を追求するための実力とは別に、人間関係を円滑にして生きる術《すべ》が必要なときもある。自他ともに認める「世渡り下手」のこの私としては、この状況で引き受けていたなら、そこにはいっそう多難な前途が待っていたかもしれない。

その翌日、ロッテ球団は「山内一弘新監督の就任」を発表した。先輩である山内さんを差し置いて私を優先してくれた球団にはいまでも感謝しているし、恐縮もしている。

私はロッテ・オリオンズを退団する決意を固め、自由契約というかたちでチームを去った。そして、いよいよユニフォームを脱がねばならぬときが来たと覚悟を決めた。

## 新生西武ライオンズへ

78年オフ、自由の身となった私のもとに、今度は西武球団から一報が入る。西鉄が黄金期を築いた名門ライオンズも、70年代に入って凋落《ちょうらく》著しく、身売りの果てに同年、埼玉・所沢を本拠地に新生球団としてスタートしたばかりだった。

まさかとは思ったが、またも現役選手として私を獲得したいとのことだった。裏で根回しをしてくれたのは、またしても南海の川勝オーナーである。「新しく門出を切るチームにはベテランの力が必要だ。野村ならきっと役に立ちますよ」と、堤義明新オーナーに進言してくれたのである。

1年前、現役でいることの虚しさを覚えた私だったが、そのときはすでに「ボロボロになるまでやってやろう」という気持ちのほうが強かった。いずれ引退はしなければならない。しかし、12球団のうち、一つからでも必要とされるうちは続けてやろうと腹を決めていた。

「評価とは最終的に他者が行なうものである」と、常に私は自分に言い聞かせている。自己評価ばかりに頼っていては現実を見失い、進歩や成長の妨げになる。このときの私は、「辞めるなんて甘いことを考えるな」という声に導かれていたように思う。

しかし、その〝お告げ〟どおり、西武ライオンズで過ごした2年間は本当に甘くはなかった。弱体化したチームにはエース格の東尾修の他、これといった有力な選手はおらず、私をはじめ山崎裕之、阪神との大型トレードでやってきた田淵幸一らが加わり、あとは新人に頼る布陣である。おまけに遥《はる》かかなたの米国・フロリダ州、ブラデントンで40日間も春季キャンプを過ごし、ハワイでオープン戦をこなして帰国後、1日だけ軽く練習をしていきなり開幕を迎える無茶なスケジュールが組まれていた。つまり、時差ボケのまま公式戦へ突入するというハンディも背負わされたのである。

おかげでこの年、79年はスタートから負けに負け、開幕12連敗。これはいまだにプロ野球史に残る不名誉なワースト記録である。当然ながら、前期は断トツの最下位に終わり、後期はやや持ち直したものの5位。通算では最下位。翌年も4位とBクラスから脱することなく2シーズンを終えたのである。

## 引退か現役かで悩んだ45歳

選手として私が最後のときを迎えたのは、80年9月のことだ。西武ライオンズの一員だった私は、地元・西武球場での阪急ブレーブス戦に先発のマスクをかぶっていた。

そして2‐3と1点ビハインドの8回裏のことだ。

走者一、三塁の好機に打順が回ってきた。

「最低でも同点はまかせなさい」と、私は余裕でバッターボックスに向かっていた。すると、そこへ後方から根本陸夫監督の「おい、野村」という声。「この場面で俺にアドバイスかよ」と立ち止まって振り返ると、「代わろう」という言葉が耳に飛び込んできた。

代打を送られ、すごすごとベンチに戻った私は、打席に入った鈴木葉留彦に対して、よからぬ〝念力〟をかけた。

「失敗しろ」

「凡退しろ」

腹のなかでそう叫んでいたのだ。

その願いが通じてしまったのか、見事に4‐6‐3のダブルプレーでチェンジとなった。私は内心、「ざまあ見ろ」という気分になった。

ところが、試合後、私は帰宅までの道中、もやもやとした気分に悩まされた。

そして、「チームの負けを祈るようになったら、迷惑をかけるだけだ。もう辞めよう」と決心したのだ。野球選手が私利私欲を試合に持ち込むことはタブーである。常にチームの勝利を最優先に念頭に置かなければ、組織の体をなさないからだ。私は自分の信念に自分で背くような考えを抱いたのである。「これでは野球を続ける資格はない」と、そう断じたのである。

翌日球場につくと、私は監督室に直行した。ちょうど坂井保之球団代表も同席していたので都合がいい。実績と経験のある人間にはなかなかクビを宣告しづらいだろう。ならば、引き際は本人から申し出るのが、向こうにとってもありがたいはずだ。

「お世話になりました。今シーズン限りで引退させていただきます」

私はなるべく、厳《おごそ》かな雰囲気を演出したつもりで切り出した。ところが、間髪を入れず、こう切り返された。

「あ、そう。長い間ご苦労さまでした」

これには正直、がっくりきた。心では引退を決めていたものの、どこかでもう一人の自分が「まだまだ現役でいけるぞ」と囁いていたのだ。そして、「いやあ、ここまで頑張ったんだから、あと1、2年続けてみたらどうだ」と、引きとめてくれるに違いないという思い込みもあったのである。

このときの心境を正確に表現することは難しい。ロッテのキャンプで走っているときに味わった虚無感とはまた違った、えも言われぬ孤独感と言ったらいいか。

必要とされなければ、潔く去らねばならない。頭ではわかっているのだが、体内にくすぶる野球への情念が沸々と湧き起こってきたのである。

「要らないよ」と宣告されてなお、まだしがみつこうとする執念が私のなかに残っていたことに、そのとき初めて気がついた。しかも、そのときすでに45歳。まったく、往生際の悪い私らしい最後である。

ついでに言わせてもらうなら、引退試合の話がどこからも出なかったことは実に寂しかった。自慢ではないが、私ほどの実績を残した選手は他に何人もいない。数字を列挙するのは控えるが、史上最多の記録も数多い。27年間の現役生活をすべてパ・リーグで送り、人気で劣るリーグを背負ってきたという自負もあった。

だから、引退試合の開催はなかば当然ではないか、くらいに考えていたのである。

しかし、結局はその気配すらなかったので、しかたなく私自身が球団に頼み込んで、ファン感謝デーのなかで引退セレモニーを設けてもらったのである。ファンにだけはひと言感謝の気持ちを表わしたかったし、何より自身にけじめをつけたかったからだ。

成績云々もさることながら、現役を退くにあたり私が最も胸を張って自慢できたのは、キャッチャーというポジションに注目を引きつけたことである。

それまで野球と言えば、一般的にはピッチャーがヒーローであり、キャッチャーはボールを受けて返すぐらいの役割としか認識されていなかった。そんな風潮を改めるために、勝つためにはいかに〝扇の要《かなめ》〟が重要かということを、私は長年身をもって示してきたし、論じてもきた。

　低きに甘んじていたキャッチャーの地位を向上させ、注目させてきた功労に対する報いを、どこかで期待していたのかもしれない。

第3章

# 監督・指導者へのこだわり

## “寿命”が短いことを忘れてしまうプロ野球選手

現役生活には必ず終わりがある。私のように40代半ばまで拾ってもらえる者はめったにいない。チームの主力として君臨していた選手でも、たいていは30代でその役目を終えて次のステップへと人生の歩を進めていく。

野球が好きでこの世界に入ってきたのだから、できるだけ長くユニフォームを着ていたいと思うのは、みなに共通した願望であろう。体力、気力の限界に達して現役でいられなくなったら、今度はコーチや監督になって残りたい。いつの時代も、現役選手の大半は程度の差こそあれ、そのような思いを抱いているに違いない。

ご存じのとおり、プロ野球は実力の世界であり、弱肉強食の競争社会である。いまは活躍できていても、2年後、3年後に同じ立場でいられるかは誰も保証してくれないし、大半は若くして球界を去らねばならない運命にある。ところが、悲しいかなプロ野球の世界には「将来を見据えて考え、行動する」ということができない人間ばかりである。いざ、クビになって初めて慌てる者がいかに多いことか。人は家庭や学校で学んだことを社会に出て生かし、仕事を通して「世のため人のため」に生きていかねばならない。そして、社会で得たものを後進に伝え、自らも成長していくものだと私は思っている。

野球選手という職業は、他の仕事に比べて〝寿命〟が短い。だからこそ、その後の人生をいかに生きるかについて、誰よりも真剣に思い巡らせなければいけない。私が人間教育を指導の基本に置くのはそのためでもある。

## 「褒めない」ことの効用

私は現役時代、比較的早い時期から「その後」について考え始めていた。当時、コーチや監督になれるのは大学卒だけという伝統が球界には存在し、特に私がプロ入りして間もない頃は、ほぼ掟《おきて》のようになっていた。したがって、いかにいい成績を残そうが、学歴という壁が私の前には立ちはだかっていたため、若い頃は「監督なんて100％無理」と、自分で決めつけていた。1961年に川上哲治さんが巨人で、1年後に中西太さんが西鉄の監督に就任したことで、その流れに一石を投じはしたが、それでも「俺には関係ないこと」と気にも留めなかった。

コーチや監督になれないなら、評論家で生きていこう。そう考えた私は、試合後のインタビューや記者会見では言葉を尽くして「解説」を行ない、他の選手との違いを打ち出すことに意識を傾けた。ペナントレースで優勝を逃したときには、日本シリーズの解説や観戦記の仕事が舞い込むようになり、ここぞとばかりに自己PRに励んだ。そのへんの評論家には絶対に負けない解説をしてやるぞ、原稿を書いてやるぞと、勢いこんで取り組んだのである。他人がまったく気づかない、「こんなふうには見ないだろう」というポイントを用意して野球の奥深さを伝えることに躍起となった。その積み重ねが私に対するメディアの評価を上げて、しまいには、こちらが優勝争いしているさなかに、「大変失礼ですが、もしダメだったときはまた日本シリーズの解説、お願いします」と、新聞社や放送局から予約が入るようになった。

こうして私は、20代の頃から、ほぼシリーズ解説のレギュラーとなっていったのである。

30歳を超えた頃から、私はますます将来のことを念頭に据え、評論家としての自己アピールに勤《いそ》しんでいた。監督への門は閉ざされているという勝手な思い込みもあったし、評論家は自分の野球観を確認できるという意味で有益なことと認識していたからだ。

南海へ入団して以来、私にとっての監督とは鶴岡一人さんただ一人であった。清水先生の手紙が縁を結び、そのときから12年間、常に目の上に君臨して私の「監督観」

に大きな影響を与え続けたのである。そして、そのあまりにも大きな存在感が、無意識に私から「監督になってやろう」という意識を遠ざけていたのかもしれない。

鶴岡監督という人物は、それほどまでに巨大なオーラを発散させていた。大げさに言えば、人間の業をすべて包み込んだブラックホールのような人であった。

まず、部下である選手は決して褒めないかわりに、相手チームの選手に対しては最大級の賛辞を述べ続ける。

「よう見てみい、あれが銭の取れるプレーや」という台詞《せりふ》を何度耳にしたことだろうか。さらに試合中はベンチで悲観的な妄想にとらわれる。

「9回裏はあいつが塁に出て、次がつないで最後は逆転サヨナラ負けやな」などと、なぜかマイナス志向の言葉ばかり口にする。そして、戦術より気持ちを優先させ、プロセスは無視して結果だけでプレーや選手を評価する。豪快に見えて、とても繊細な神経の持ち主だった。

かつて日本陸軍で中隊長まで務め、200名の部下を預かっていただけに、組織をまとめあげる統率力には長《た》けていた。細かい作戦や技術的な指導はすべてヘッドコーチの蔭山和夫さんに任せ、選手たちを集めて聞かせる話は、決まって人生訓話だ。現在のようにミーティングルームなどないので、外野の芝生に座らせての講義である。

このような上司と10年以上も付き合っていると、見えてくるもの、感じるもの、あるいは見たくなかったものまで見えてきて、さまざまな経験をさせられることになる。

そんなわけで、後年、監督となった私の指導方法は、その基礎に「鶴岡時代」があったことは否定できない。互いの性格は大きく異なり、野球に対するアプローチは180度正反対。それが南海時代の私にとって厄介な環境だったことも認める。しかし、ひとたび指導者になってみると、反面教師という側面も含めて、自分の基軸は鶴岡監督にあるということを思い知らされる。

人を褒めないというやり方は、いまの時代はどうやら否定的に捉《とら》えられているらしい。それどころか、「人は褒めて伸ばす」という教育が主流になっているとか。日頃からどんどん部下を褒めたりおだてたりして、いい気分にさせることで成長を促すらしい。

私はこの考え方には同意しかねる。少なくともプロ野球界へは、その技術や能力を買われた者だけが入って来られるのだ。たとえいいプレーをしたとしても、「プロならそれぐらいやって当たり前」という認識が根底にあるからだ。

鶴岡氏が人を褒めなかった理由が何にせよ、私をはじめ、当時のチームメイトたちはみなそのような扱いを受けて育った。

「いまとは時代が違う」という意見があるかもしれない。では、訊《たず》ねるが、いったい人間のメンタリティの何がどう変わったというのか教えてほしい。

「褒めない」ことにどれだけの効果があるか。それは、「褒められたとき」にこそわかるものだ。

## 〝自信〟を植え付けてくれた鶴岡監督の談話

プロ入り3年目、56年の春のことである。

前年には一軍での出場機会を与えられず伸び悩んでいた私が、なぜかハワイでのキャンプに連れていかれることになった。ブルペン要員のキャッチャーが不足していたせいもあり、用具係を兼ねてメンバーに滑り込んだのだ。

そこで私は一つの小さなきっかけをつかむことになる。

当時、南海には小辻英雄さんという控えのキャッチャーがいたのだが、この人が実に男前で現地でも大モテだった。そして、宿舎まで女性が迎えに来て頻繁に外出するようになったところ、それを知った鶴岡監督の逆鱗《げきりん》にふれてしまったのである。いよいよオープン戦が始まろうというとき、その怒りは沸点に達していた。

「分もわきまえんと遊んでばかりいやがって。おまえは日本に帰ったらクビじゃ。もうええ、野村、おまえ行け」

いきなりそう命じられた私は、あにはからんや先発マスクをかぶることになった。これは千載一遇のチャンス到来。なんとしてもこの機を逃してはならない。そして幸い、ハワイの野球は日本人にとって与《くみ》しやすいレベルにあり、ここで私は監督に認めてもらえるだけの働きを示すことができた。最終日にはハワイ野球連盟から新人王に選ばれ、小さなトロフィーを授与された。

帰国して翌日、新聞記事に目を通していると、鶴岡監督の談話が掲載されていた。

「ハワイでのキャンプは失敗だった。しかし、たった一つ収穫がある。それは野村に使える目処《めど》がついたことだ」

わずか2、3行の小さなコメントであったが、いまでもその記事を読んだときの喜び、高揚感を忘れはしない。たったひと言で、私は野球選手としてやっていける実感をしっかりつかむことができた。〝自信〟という何ものにも代えがたい無形の力を手に入れたのである。

この年、私は開幕から先発を任されたものの、全然打てない時期が続いた。気持ちが焦るばかりでどうにもならない。それでも監督は使い続けてくれた。ようやくプロ入り初安打をマークしたのは36打席目のことだった。もし、監督があのとき私を認める発言をしなかったら、そして私自身が新聞記事を目にしなかったら、心が挫《くじ》けていたかもしれない。このひと言がもたらした効果は、それほどまでに大きかったのである。

## タイミングを得た「賛辞」

こうしてレギュラーの座をつかんだ私だったが、先にも述べたように、当初は変化球への対応に苦しみ、なかなか一流ピッチャーの球を打ちこなせずにいた。そこで16ミリフィルムを駆使しながら各ピッチャーの癖をあぶり出し、配球を読みながら一つずつ攻略していった。最大の難敵であった稲尾和久（西鉄ライオンズ）のシュートを読みきったときは、一人密《ひそ》かに快哉《かいさい》を叫んだものである。

そんなある日の試合前、ロッカールームへ通じる廊下を歩いていると、向こうから鶴岡監督が歩いてきた。

普段から人前で部下をくさすことしかしない人だけに、また嫌味の一つでも投げつけられるのかと身構えていると、監督の口から想定外の台詞が飛び出した。

「おう野村、ようなったな、おまえ」

たったこれだけの言葉ではあったが、私にとっては驚きとともに、全身の血が沸き立つような感覚に襲われた。大げさではない。心の底から喜びが、ひしひしと溢《あふ》れてきたのである。

もし、言った本人が計算ずくだったとすれば、その人心掌握《しょうあく》術は神業に近いと思うのだが、果たしてどうだったのか。とにかく、苦労してバッティングを向上させたことがこれで報われたのである。やり甲斐《がい》を深く感じた一瞬だった。

私が鶴岡氏に褒められたのは、後にも先にもこの2回だけだった。しかし、だからこそいまでもその経験はかけがえのない財産として残っている。27年間も現役を続けてこられたのは、その言葉があったからだと断言できる。

タイミングを得た「賛辞」は、それほど人の心を揺さぶるものであり、勇気と自信を植え付けてくれる。むやみに褒め続けることは、本人のために何のプラスにもならない。私はそう信じて疑わないのである。

## 指揮官にとってのタブー

野球が団体競技であることは、子供でも知っている。一人で戦っているのではない。あくまでも最終的な目標はチームとしての勝利である。したがって、リーダーである監督が目指すべきは選手個々の力量を正しく把握し、適材適所に配置してその効果を最大限に発揮させ、チームを勝たせることにある――。

理屈だけを述べるならそういうことになるのだが、扱っているのは人間という「感情で動く動物」である。扱いを少しでも誤ると、チームの団結などあっという間に崩れ去ってしまうものだ。

鶴岡監督は「繊細な人だった」と述べたが、それはつまり、「気が小さい」という表現と同義でもある。怒鳴り散らして威厳をひけらかすのも、マイナス志向なことばかり口走るのも、すべて「反発されるのが怖い」「負けるのが恐ろしい」という感情の裏返しの表現だ。

私が彼のやり方を見ていて最も嫌な気分にさせられたのは、ある特定の選手だけを可愛がり、それ以外の者を差別（無視）したことだ。試合後、食事に誘うメンバーはいつも同じ。ある者は自慢げに、ある者はコソコソと支度をしてロッカールームを出ていく光景を私は何度も目にした。

鶴岡氏は〝親分〟という愛称で親しまれた人だったが、つまりは常に〝子分〟を引き連れていなければ精神の安定が得られなかったのだろう。

〝エコ贔屓《ひいき》〟は、団体競技の指揮官にとって絶対のタブー事項である。それをやると、チーム内には必ず不協和音が響き始める。そして、自《おの》ずと〝派閥〟が出来上がって組織は分裂の危機にさらされることになる。

私は当時から徒党を組むことを嫌い、チーム内の付き合いは〝プロ野球人〟としてのつながりだけに保っていた。ときには監督にアドバイスを求めることもあったのだが、そのたびに「勉強せえ」と一喝されて追い返される。見かねた蔭山ヘッドコーチが宿舎の部屋に招いてくれて、丁寧に教えてくれるのだが、それを知った監督からは「野村は蔭山派だ」とレッテルを貼られてしまうのである。

こちらにはそんな気はさらさらないのだが、鶴岡氏から見たら気に入らなかったのだろう。徐々に監督の私を見る目、態度が冷ややかになっていったのも、こういった些細《ささい》な誤解が重なっていったからだと思う。

私は監督という職に就いて以来、ただの一度も選手やコーチを食事や遊びに誘ったことはない。食事や遊びはいつも一人。単独行動である。

組織のてっぺんに立つ者として、それは自分に課したルールであり、リーダーとしての原理原則であると心得ている。そして、これはもちろん、師・鶴岡一人の〝負の遺産〟を戒めとしたものである。

これは組織を守る、固めるためだけが目的ではない。ひとたび目をかけたために「あいつは野村派」という色眼鏡で見られてしまっては、私がもしその球団を去った後、その選手にとって将来の足かせになってしまいかねない。

人間だから「好き、嫌い」があるのはしかたがない。しかし、それをもって人事や起用を決めるなど、あってはならないことだ。しかし、現実には、過去に「野村の色つき」という偏見がもとでコーチや監督になれなかった人材が何人かいるのだ。まだまだ、球界には〝派閥〟がはびこっている証拠だ。

## 宮本慎也への心配

先日、テレビの深夜番組を観ていたら、宮本慎也がこんなことを語っていた。

「現在、自分があるのは野村さんのおかげです。本当の野球とは何かを教わったのです」

かつてのヤクルト時代の教え子である宮本が、私との出会いや、当時聞かされた教訓をいまでも大切にしてくれていることを知り、指導者冥利《みょうり》に尽きると感じた。しかし、一方で、宮本自身の今後が心配になってしまった。

「おまえ、そんなことを堂々とテレビで喋《しゃべ》って大丈夫か」という懸念が、〝いい気分〟を一瞬にして吹き消した。

どう贔屓目に見ても、私は球界のなかで「好かれている」ほうではない。ならば、「野村の影響を受けた自分」を打ち出すことは、引退後の宮本にとってマイナス面のほうが大きいに違いない。私はそれが心配でならないのである。

感謝の気持ちを表わしてくれるのはとてもありがたいことだ。しかし、それは、そっと私にだけ伝えてくれればいい。複雑な人間関係の網の目が張られている球界にあっては、自分の思惑とはまったくかけ離れた受け止め方をされることも大いにあり得る。そういう不幸な人間を少しでも減らすために、私はあくまでも孤立主義を保っているのだ。

## 常人の域を超えた川上監督の統率力

私が最も尊敬し、目標とする監督であった川上哲治さんは、多くの指導者を育ててきた。広岡達朗さんをはじめ、長嶋茂雄、森祇晶、王貞治、土井正三、そして高田繁、堀内恒夫と、幾人もの門下生が後に監督を務め、それぞれに実績をあげている。

彼らは決して〝順番〟にしたがって采配を振るってきたわけではない。広岡さんや森や王、土井、高田など、巨人以外の球団に要請され、長期にわたってチームを率いた例もある。

このように、リーダーとして見込まれる人材を多数輩出できたのも、監督時代の川上さんが「人間教育」に大半の時間を割《さ》いてこられたからに他ならない。特定の選手を優遇することもなく、それどころかスター選手であればあるほど厳しく接し、妥協を許さなかった。

「チームづくりは人づくり」であることを、見事に証明した人である。

私もヤクルトを率いて4度セ・リーグ制覇、うち3度の日本一を達成したが、最初の2回（92年、93年）を除いて、95年、97年といずれも隔年での優勝だった。

なぜ連覇できなかったのか。人間とは弱いもので、苦労をしていったん勝利を手に入れると、すぐに緊張のたがが緩んでしまう。ホッと一息ついてしまうのだ。

リーダーである私が制御すべきことなのだが、自分が真っ先に安心してしまったのだからしょうがない。チーム全体にその空気が蔓延《まんえん》してしまった。

「殴ったほうは忘れていても、殴られた側は覚えている」が、勝負事の常識である。負けた側のチームは目の色を変えて我々を引きずり下ろそうと躍起になる。結果、ヤクルトは優勝の翌年は決まってBクラス（4位）に終わってしまったのである。

何が言いたいのかもうおわかりと思うが、勝つことよりも勝ち続けることのほうが何倍も、何十倍も難しいということだ。川上巨人が9年連続日本一という空前絶後の偉業を成し遂げられたのも、V9戦士たちが師の厳しさを正面から受け止め、それぞれチーム優先に自らを律してきたからである。この事実こそが、川上監督の常人の域を超えた統率力を示しているのである。

## 私がまだ成し遂げていないこと

すでに川上さんを超える指導歴を持つ私ではあるが、いまだにどこからも〝大監督・野村〟という評が聞こえてきたためしがない。

別にひがんでいるわけではない。ある意味、納得しているのである。

なぜなら、私には川上さんのように、これという後継者がいない。具体的に成果をあげた〝教え子〟の指導者がまだ現われていないからだ。派閥をつくらず、人間関係を利用した影響力を球界に築いてこなかったとはいえ、それとこれとはまた別の問題だ。


ヤクルト時代の後任である若松勉は、私が監督に就任した年に現役を引退しており、監督と選手という直接的な関係はなかった。それでも最後の2年間は打撃コーチとして私の隣にピタリと寄り添い、監督術を一日も早く吸収しようと貪欲《どんよく》なところは見せていた。就任3年目、外野手出身の監督として初めて日本一に輝いたのも、きちんと私のやり方を踏襲してくれたからだと自負はしているが、それでも彼を〝後継者〟と呼ぶにはどうかという関係である。古田敦也に関しては、彼自身が「野村の影響」を否定してかかっていただけに、選手時代はともかく、監督となってからは、もはや弟子とは呼べないだろう。

遡《さかのぼ》って南海時代は、兼任で四番・捕手という立場であり、おまけに私も若かった。勝つことだけに専念して「人間教育」など、とうていおぼつかなかったのである。

あえて言うなら、広島カープで一時代を築いた古葉竹識が70年から72年にかけて、私のもとで選手、コーチとして働いている。その間、戦術面についての知識を蓄えたことは確かだろうが、歳も1つしか違わず、私自身が彼に教育を施したと言ってはやや語弊があるだろう。

その後、広瀬叔功や杉浦が私の後の南海監督を継いだのだが、彼らは私のチームメイトであり、まさに順番どおりの規定路線にしたがって、球団がクビをすげ替えていったたけのことである。

阪神タイガースでは後継を育てるどころか、その前に選手たちと〝対決〟しなければならず、その点では何ら下地をつくることもできずじまいで、球団を去らねばならなくなった。現在の楽天の状況に関しては後段で述べるとして、ともかく現在に至るまで、「野村の教え」を吸収、消化し、表現しながら実績を残した者はまだほとんどいない。

〝大監督〟という肩書きにこだわるわけではないが、自らの仕事を振り返るとき、「まだ成し遂げていないことがある」と感じるのは、そのためである。後継者づくりは監督の使命なのである。

## 「日本人は考えずに野球をやっている」

「評価とは最終的に他者が決めることである」と、ことあるごとに私は述べているのだが、その伝でいけば、この歳まで監督としてお呼びがかかっている私は、客観的に大監督とはいわずとも、「指導者として高く評価されている」と考えてもいいのかもしれない。

親分も子分もつくらず、人間関係のしがらみを避けてプロ野球界で生きてきた私は、言わせてもらうなら、実力のみで地位を築いてきたことになる。コネなどなくとも、信念に基づいて生きていれば、自然と節目ごとに的確な人物が目の前に現われてくれる。その意味で、私はつくづく「人に恵まれてきた」と感じるのである。

南海ホークス時代に一つの節目となった〝事件〟は、兼任監督となったことだ。69年のオフ、それまで四番とキャッチャーという2つの重責を担わされてきたこの私に、監督まで任せようという、とんでもない指令が下ったのである。

60年代半ばまでAクラスの常連だったホークスも、後半に入ってからは戦力ダウンに伴って成績も下降気味になった。68年は下手投げの皆川睦男が、私のアドバイスによって身につけた〝小さいスライダー（カットボール）〟を武器に31勝をマークする活躍もあってなんとか2位につけたが、それでも全体的な弱体化の流れに変わりはなかった。

機を見るに敏というべきか、鶴岡監督はそのシーズン限りで勇退を発表する。これ以上チームを預かっていても恥をかくだけだと、悟ったのではないだろうか。その引き際は見事というほかなかった。

そして貧乏クジを引いたのが、後任の飯田徳治さんだった。69年は私が本塁上で相手走者と激突して鎖骨を折り、2カ月間も戦線離脱するというアクシデントもあって、チームはまったくいいところなく、2リーグに分裂して初めて最下位という屈辱を味わう。

四番で捕手でもある私は、チームをどん底に落としてしまった責任を痛感した。おまけに自分自身、ホームラン王、打点王にオールスター出場などあらゆる連続記録まで途切れてしまい、まさに最低最悪の年となったのである。

飯田監督はその責任を取り、たった1年で辞任してしまった。この窮地に球団が考えついたのが、「野村兼任監督」だったのだ。球団本社で川勝オーナーから初めてこの任命を受けたとき、私は即座に返答することができなかった。選手と監督を兼ねるということがどういう事態を意味するのか、すぐには想像もできなかったのである。

ことだ。

ただ、一つ言えるのは、自分とともにベンチワークを行なう〝参謀〟が必要だという

1週間の猶予をいただいた後、結論をオーナーに伝えた。

「わかりました。しかし、ヘッドコーチにブレイザーを起用していただきたい」

ドン・ブレイザー（本名＝ドナルド・リー・ブラッシンゲーム）は、67年に南海に入団して以来、二塁手としてチームに活力を与えてきた存在だったが、それよりも私が感じたのは、彼が持つ膨大な野球についての知識であった。大リーグはどのような戦術を用いているのか興味を抱いていた私は、時折食事に誘い、その情報を仕入れてもいた。

「日本人は考えずに野球をやっている」

何より痛烈に心に響いたのは、彼のこの台詞であった。聞いてみれば、1球ごとの状況判断やそれに対する合理的な作戦、選手への指示など、どれもこれも新鮮な話ばかりだ。

現在でこそ当たり前のことだが、いわく、「バントを転がす場合、内野手の守備能力を見極めて方向を決めよ」「犠牲フライを打ちたいなら、高めに目付けをしろ」「ヒットエンドランのサインが出たら、二塁ベースカバーは二塁手が入るか遊撃手が入る

かを読め」そして、「非力な打者には徹底してライナーを狙《ねら》わせろ」……いつかこの男の頭脳を利用しない手はないと、私は確信していた。

ピッチャーとの駆け引きや強打者をどう打ち取るかといった、バッテリー間の知恵や戦術は心得ていたつもりの私も、「勝つためにチームとしてすべきこと」については、ブレイザーとの出会いによって初めて気づかされたのである。

そして、ついにそのときがやってきたのだ。私はブレイザーに「現役を退いて、コーチ専任になってくれないか」と頼み込み、快諾を受けた。私の兼任監督という重圧の一部をこれで少しは軽減できた。〝プロ野球史上初の外国人コーチ〟ドン・ブレイザーは、シンキング・ベースボール（考える野球）という革命的な財産を私にもたらしてくれたと同時に、野球をより深く、広く考え、突き詰めるきっかけやヒントを与えてくれたのである。

## いい勉強になった評論家時代

現役引退後の評論家時代は、外から野球を見ることで、結果的に「監督復帰への準備」を整えることができた9年間だった。

「野村スコープ」という解説における新手法も評判となり、野球の奥深さを全国のファンに知ってもらうこともできた。さらには、講演会の依頼がひっきりなしに来たことで、現役時代から続けてきた「他人とは違った野球の見方」というものが、一般の人々にも浸透していることがわかり嬉《うれ》しかった。もしくは、私の生い立ちや経歴に「普通ではない生命力」のようなものを感じてくださったからだろうか。いずれにせよ、「語る」ことの大切さ、「伝える」ことの面白さを実感できた。

契約した新聞社の記者が試合後にやってきて、取材を始めたときのことだ。あまりにも私がよく喋るものだから、その記者は慌て始めた。テープレコーダーはおろか、メモ帳すら持ってこなかったからだ。

「いままでの評論家先生は、ひと言ぐらいしか試合評を語ってくれなかったもので」と、言い訳をしている。私もその同類であると予想して、手ぶらでやってきたというわけだ。

当然、次回からはしっかり取材道具を持参してきたものの、溢れんばかりの切り口で勝敗のツボを解説するものだから、しまいには「野村さんの話を聞いていると、紙面がいくらあっても足りませんよ」と、閉口されてしまった。

私は連日連夜、野球を語り、体験談に基づく信条を説いていった。シーズン中などは講演と野球解説のかけもちは当たり前、全国3カ所を飛び回った末にナイターの放送席につくなどということも珍しくはなかった。ただ、そんな激務をこなしながら、左脳の引き出しに次々と情報を蓄え、右脳によってそれを巧みに活用する術《すべ》を体得していった。あの頃の経験は、本当にいい勉強になったと思っている。

## 「うちのバカどもに本物の野球を教えてやってくれ」

89年オフ。評論家生活を始めてあっという間に9年の歳月が流れていた。西武のユニフォームを脱いだときから、「もう俺は現場に戻ることはないだろう。ならば解説の道を究《きわ》めよう」という覚悟もできていた。しかし、もう「ない」と決めてかかっていた話が、突然私の身の上に降り注いできたのである。

「ヤクルト・スワローズの監督になってくれ」という要請はそれほどまでに私を驚かせた。

セ・リーグ、しかも在京の球団とはこれまで何の縁もなく、知己を得た人物も少ない。孤立主義の私にしてみれば、まさに地球の裏側から声がかかったようなものだ。

なぜ私なのかという問いに対して、「あなたの解説や評論を読んだり、聞いたりして、この人しかいないと実感した」と答えてくれたのが、球団社長の相馬和夫さんだ。もちろん、それまで一面識もない遠い存在の方であった。しかし、それは、その後の私の評価を決定づける運命的な出会いとなった。

人気の面では巨人におんぶにだっこのセ・リーグにあり、東京を本拠地としているために観客動員もそれなりに見込めるチーム。しかも松園尚巳オーナーによるファミリー志向のせいか、現場には気迫や貪欲《どんよく》さのカケラも感じられない。ヤクルトの印象と言えば〝仲良しクラブ〟、そんなものだった。

「伸び伸び野球」などというキャッチフレーズも、「自分らはアマチュアみたいなものです」と宣言しているような自虐性すら感じさせる。そんなぬるま湯に浸かっていた球団が私に求めるものとは何なのか。

「うちのバカどもに本物の野球を教えてやってくれ」

相馬社長のこのひと言が、そのすべてを表現していたような気がする。私はその一言でこの話を受ける気になった。

こうして、以来9年間にわたるヤクルトでの「人間教育」がスタートした。野球を通して人生をつくることの意義、組織の一員としてなすべきこと、そして〝勝利〟するために必要な意識。私がそれまで培ってきた信念と哲学を伝授してきたつもりだ。

その結果、就任3年目にはリーグ優勝、以後3度の日本一を含む計7度の胴上げを経験させてもらった。

人の話に真摯《しんし》に耳を傾けようとする姿勢、「うまくなりたい」「強くなりたい」という意欲が当時のスワローズナインに充満していたことが、成功への大きな要因であったことは間違いないが、その気運を見過ごさず、組織としての「変革」を決断した相馬社長の慧眼《けいがん》に、いまでも頭が下がる思いである。

なにしろ、内輪ですべてを済ませてしまおうという家族主義優先の球団である。組織内での「野村起用」に対する反発は強烈だったと想像できる。事実、就任してからも、私自身、風当たりは感じていた。

「球団のイメージが壊れる」

「早く代えろ」

……そんな声がどこからともなく聞こえてきた。そんな雑音をすべてはねのけて、私に思う存分仕事をさせてくれたのが相馬社長だったのである。

## 「教育の場」に最高だったアリゾナの地

もう一つ、ヤクルト時代の経験から付け加えておきたいことがある。それはキャンプ地についてだ。

私が指揮をとった9年間は、すべて米国アリゾナ州ユマで春季キャンプを行なった。結果的にそれは野球に没頭する場所として、さらに私にとっては「教育の場」として最高の環境をもたらしてくれたのである。

まず、寒からず暑すぎずの素晴らしい気候、そして野球漬けになれる立地。なにしろ周辺には遊ぶ場所など一つもない。宿舎の隣には4面のグラウンドがあり、24時間いつでも野球ができるのだ。アリゾナはフロリダほど遠くもなく、移動時間もはるかに短い。

人は空間的な環境によって集中力や思考力が変化することを、私はユマで知った。まるでアリゾナの砂漠が水を吸い込むように、乾いていた選手たちの脳みそがみるみる知識とやる気で満たされていくのである。「他にすることがないから」と言ってしまえばそれまでだが、そういう場をチームに与えてやることも球団の知恵ではないだろうか。

私が去った翌年の99年、ヤクルトはユマから撤退してしまったのだが、それを進言したのは古田だったという。

「小事、細事が大事を生む」

この言葉はさまざまな局面で思い知らされるのだが、まさにこの一件もしかりである。失敗は些細なことからも原因を探ることができる。大げさでもこじつけでもなく、キャンプ地の選定から〝勝負〟は始まっているのだ。

プロ野球の〝氣〟はキャンプにあり——。

私はそう強く言いたい。

## 阪神タイガースでの3年間

阪神タイガースを率いていた99年からの3年間は、まさに「己との戦い」の日々だった。つまり、敵は相手ではなく身内にいたということだ。ともに勝利を目指すべき組織がこうもバラバラであると、指導や教育などできるものではない。

当初、選手たちは、まるで私を招かれざる客のように見た。このような気分を味わうのはこれで3度目だが、今回は監督としてチームを預かる身だけに、その状況は比較にならないぐらい重い。人気という厄介な殻のなかに閉じこもっている連中に向けて、まともな指導や教育など通用するはずもない。

戦力を見渡しても、これといった中心選手がいないのは明らかだった。「四番もエースもいない」状態では、戦う組織とは言えない。これについては、編成というチームづくりの土台部分が腐りきっており、その実態を知ったときは、「こんなチームがあったのか」というほど衝撃的ですらあった。

私が種をまく以前に、種を選んで持ってくる仕事をまともにしている人間がいない。ヤクルト時代、ドラフト会議のたびにヤクルトのフロントから、「阪神は相手にしないでいいです」と告げられてきた意味がよくわかった。眼力も交渉力も意気込みも、何もない編成部だったのである。

私は「どうにかしなければチームとして成立しない」という危機感に迫られ、２年目のオフ、久万俊二郎オーナーに直談判したのだ。

このとき、内心無駄かもしれないと思っていた。長年にわたって硬直しきった組織である。一監督ごときが直言したところで変わるものではない。ただ、ダメ元で言いたいことだけは言っておこうと心を奮い立たせ、ドアをノックしたのである。

「オーナー、チームが負けると監督をコロコロ代えてますが、監督を代えればチームが強くなると思っていませんか」

あまり反応は芳しくない。少し過激な発言に切り替えた。

「組織はリーダーの力量以上に伸びないと言います。オーナーが変わらないとだめですよ。いまや球団の心臓部は編成部ですよ」

さすがにオーナーもその言葉は聞き捨てならなかったらしい。

「君は言いにくいことをズバズバ言う男だな」

「ええ、言いますよ。人間は3人の友を持てと言うじゃないですか。原理原則を教えてくれる人、師と仰ぐ人、直言してくれる人。私の直言も聞いてください」

久万さんは顔を真っ赤にしながら、それでも最後まで私の話に耳を傾けてくれた。この直接交渉の甲斐《かい》があって、阪神はそのオフに編成部の大改革を行なった。久万さんは私の意見を全面的に受け入れてくれたのだ。同時に、それまで球団の現場近くで働いていた人間がいかに無責任だったかが露呈したのである。オーナーはそれまで、チームの情報を新聞記事でしか収集してこなかったというのだから、いったい部下たちは何を報告してきたのだろうか。久万オーナーは〝タヌキ親父〟と揶揄《やゆ》されるなど、つかみどころのない政治家のような経営者だったようだが、少なくとも私にとっては心の支えになってくれた人だ。何を考えているのかわからないが、最終的に順逆の理を誤ることのない人物だったと、私はいまもなお感謝の気持ちを抱いている。

## 「信は万物の基を成す」

監督にふさわしい人物、不向きな人物。その線引きはいったいどこですればよいのか。現役監督である私自身がそれを語るのはどうかと見る向きもあろうが、この際、「歴代最年長監督」であることに免じてお許しいただきたい。人間、歳をとると怖いものはない。

昨年（２００８年）秋、第2回ＷＢＣ（ワールドベースボールクラシック）の日本代表監督を決める選考会議でのことだ。原辰徳に決定するまでの間にはさまざまなことがあったのだが、その内容については各種報道を通じてみなさんすでにご承知のことと思う。

会議の途中、「そう言えば、あの男の名前が出ていないな」と気づいた私が発言した。

「落合（中日監督）はどうなんですか」

すると、間髪を入れず、ある人物がこう切り返した。

「ああ、落合はだめ。味方の選手がホームランを打っても出迎えもせず、ベンチの奥で腕組みしているような監督はだめですよ」

そんな些細なことで人の力を見限ってしまっていいものかと、私は少々呆《あき》れたのだが、言った本人は大真面目《おおまじめ》である。そして、「なるほど、同じ理由で私も指名されなかったのだな」と納得したのである。

野球に対する情熱は等しく持っていても、人によってその表現方法は異なる。ましてや、監督という重責をまっとうするためには、自らの信念に基づいてスタイルを貫かねばなるまい。王や星野仙一、それに原辰徳ら〝日本を代表する監督〟たちを見ていると、私や落合とは異なる空気がそこにはある。それが最近の主流であるかのようだ。

彼らはみな、選手と同じレベルで一投一打に喜怒哀楽を表わす。1点取れば大喜び、ピンチになったらソワソワ、リードされたらガックリとなる。逆転しようものなら、子供みたいに大はしゃぎだ。これではまるで、連合艦隊の司令長官が細かい戦果を伝え聞いて、そのたびにバンザイ三唱しているようなものだ。

それが選手を鼓舞し、ベンチのムードを盛り上げると考えているのかもしれないが、果たしてそれは監督の役割だろうか。しかも、あれでは冷静な判断力が働いているとは想像しにくい。リードしたらその瞬間に頭を切り替えて相手をどうやって抑えるかを考え、ピンチに陥っても動じることなく最良の策を選択する。どっしりと構えて「勝利する」ことに集中せねばならないのが指揮官の本分である。雰囲気づくりなどは誰か他の者に任せておけばよいのだ。監督が喜べるのは試合が勝利して終わった瞬間のはずである。

三原脩、水原茂、鶴岡一人、川上哲治……球史にその名を残した監督たちは、みな度量が大きく近づきがたいオーラを発散させていた。私も未熟だったゆえに、余計に遠い存在のように見えたのかもしれないが、そのポストの重さは、貫禄《かんろく》や威厳からひしひしと伝わってきた。「監督とは、こうあらねばならない」というイメージがその時点で私には出来上がってしまったのだろう。

比較して、現代の監督たちはあまりにも存在が軽すぎる。選手レベルまで自分を落とし、派手なパフォーマンスをすることで、監督業そのものが軽んじられているような気がしてならない。そうは言うものの、王に関して言えば、その人徳には敬意を表さざるを得ない。ダイエー・ホークスにやってきた当初は成績も伸びず、ときには心ないファンから卵を投げつけられたりもした。組織の実態が明らかにされていない以上、責任はすべて監督にあるかのように見える。「負けたら、悪いのはすべて監督」

が世間一般の常識である。

しかし、王はその状況によく耐え、強いチームを築き上げることに成功した。ソフトバンクがオーナーになってからは、「辞めるも続けるも、ご自分で決めてくださ い」と言われていたようだ。なんとも羨《うらや》ましい。一度でいいから、私もそんな経験をしてみたい。

「あいつはどこまで運のいい男なんだ」と、私はたまにひがんだりもするのだが、慌てて「それは人望のなせる業だ」と思い直す。私と違って彼は決して人の悪口を言わない。批判めいたことも口にせず、愚痴もこぼさない。それが王貞治という人物なのだ、と。

「信は万物の基を成す」とは、私の座右の銘である。王にとって福岡における14年間は、組織や選手たちとの信頼関係の歴史だったのだろう。

こんなボヤキばかりを続けていると、余計に「暗い」だの「鬱陶《うっとう》しい」だのと言われ、ますます疎《うと》んじられるのがオチだ。しかし、いかに人望厚き王に指摘されようが、私は「監督のスタイル」を変えるつもりはない。監督とは孤独な存在でなければならない。それがこの任に就いた者の義務であり、宿命だと信じているからだ。

## 落合と私の共通性

ＷＢＣの代表監督の選考に漏《も》れた落合は、その理由からしてもわかるとおり、私と共通した部分を持つ監督である。ベンチではいつも無表情に試合をながめ、時折ニヤリとはするものの、それは得点を入れたときではない。目の前の現象に一喜一憂せず、冷静沈着に指揮をとる様子は、おそらく私とよく似ている。

落合という男は、なぜか私のもとへよくやってきては議論をふっかけてくる。もちろん話題は野球である。オープン戦のときなどは、「落合監督が話をしたいと言っています」と広報がわざわざ私を呼びに来るほどだ。彼が言うには、「野球の話をまともにできる相手は野村さんぐらいしかいないのですよ」ということらしい。実際、落合と話をしていると、プレーや戦術、さらには野球そのものについて、真髄を次々と突いてくるので実に刺激的である。

しかし、どこまで話を深めていっても、例の日本シリーズにおける「あと1イニングで完全試合の山井交代」については私には理解ができないのだ。あれ以来、彼とはゆっくりさしで話し合っていないので、機会を見つけて真相を聞きだすつもりではいる。

それだけではない。彼は中日の監督に就任以来、常識を超えた言動が多く見受けられた。

「補強はせずに現有戦力で優勝は狙える」という宣言に始まり、先述の「180度違う野球」にいたるまで、あたかも自己暗示をかけるかのように自分とチームを追いつめているようだ。それは選手たちに対しても同様で、この5年間、「練習↓競争」の繰り返しで他チームを寄せつけない過酷なスケジュールを組んできた。キャンプ期間中も極端に休みが少なく、気力と体力の両面で徹底的に鍛え上げる道を選んでいる。

ただ、こういう原理もあるのではないか。

「休みたいと思うのは、一所懸命に働いた証拠である。いい加減に過ごした者は、休みたいとも思わない」

全力投球で仕事に取り組んだ後は、人間は自然とオフを求めるものだ。私も経験上、そう感じている。不完全燃焼のときには、心身が休養を求めないものである。

落合の場合は、おそらく心の底から休みたくなるぐらい、練習をしろということではないだろうか。私なら、ここまでクールに自分の方針を押し通すことはできないが……。

## 監督とマスコミの関係

落合は常識を超えた監督である。どこかに神業を隠し持った、不思議なパワーを感じることもある。ただ、彼の考えやチームの状況が世の中に伝わっているかというと、そうではない。そこが問題であり、落合が最も損をしている部分だ。

マスコミに対する姿勢は、彼のイメージを著しく低下させている。それは本人も覚悟のうえと思うが、記者連中に対して「おまえらに野球の話をしても、わからないだろ」という態度をあからさまに取るので、会見はまるで禅問答のような様相となり、メディアは煙に巻かれて退散となる。話を聞く側からすれば、「だったら、わかるように話してくれ」と言いたくなるだろう。その気持ちももっともである。

プロ野球の現場に関わっている以上、メディアの向こうにはファンの目や耳があるということを忘れてはならない。ファンあっての球界であることは、落合とて百も承知であろう。ならば、ファンに語りかけるつもりで記者に接することが必要となるのは当然ではないか。プロ野球は人気商売、客商売である以上、マスコミ対応は監督の大きな仕事であるはずだ。落合自身、ロッテの選手時代、マスコミが取り上げてくれないガラガラの川崎球場を体感しているはずなのに……。

私などは、楽天イーグルスに注目してもらいたい一心で、毎日毎晩、勝敗にかかわらず取材陣の前に現われては、コメントを発するようにしている。それも、より端的にわかりやすく、ファンならずとも野球に興味を抱いてもらえるよう創意工夫しながらの対応だ。

注目を浴びるということは、選手にとっても大いに刺激となる。見られることで、感じる力や集中力も増す。人気と実力が相乗効果となって現われてくれれば、それに越したことはない。

それでも、落合は頑《かたく》なに自分の方針を崩そうとしないし、これもまた彼独特の「勝つための自己暗示」なのかもしれない。だが、彼の理解されにくい、されたいとも思わない一点のリスク、ファンへの対応も考慮してはどうかと、私は老婆心《ろうばしん》ながら忠告させていただきたい。

## 森が遺した功績

私と同じくキャッチャー出身という点では、80年代から90年代にかけて西武ライオンズに黄金時代をもたらした森祇晶が印象深い。

球界ではことに吝嗇家《りんしょくか》として有名であったが、私にとっては「勝利を貪欲に求める男」という印象のほうが強い。これは、厳格な管理をもってチームを常勝へと導いた川上監督の野球を、そのまま踏襲した結果である。

9年間で8回のリーグ優勝、うち6回が日本一というのは、おそらく川上監督と並ぶ、歴代最も優秀な成績を残した指揮官の一人だったのではないか。それにしては、森のことを〝名将〟として持ち上げる風潮はあまりない。「暗い」「つまらない」などと印象づけられたことも影響しているかもしれないが、一番の原因は「あれだけのメンバーを揃《そろ》えていれば、誰が監督でも勝って当たり前」という見方があるからだろう。

秋山幸二、清原和博、デストラーデを中心とした隙《すき》のない打線、それに投手陣も的確な補強によって安定感を保っていた。あの頃の西武はたしかに強かった。これだけの好選手で固めていれば、1度や2度優勝することは容易《たやす》いかもしれない、しかし、続けて5年6年とペナントを制するということは、まったく別次元の出来事である。

あくまでも選手を前面に押したて、自分は黒子に徹する。ときには嫌われ役となってメディアに登場する。しかし、その裏では想像を絶する厳しさで選手たちを管理する。それが森野球を支えてきたポリシーだったのだ。

広岡時代、すでに強豪へと育っていたチームを預かった点で、私とは決定的に違う道を森は歩んできた。実は、これもまた監督としては険しい選択をしたことになる。それまで勝ち続けてきた西武も、森が采配を振るうようになって弱体化したら、批判はすべて彼が一身に浴びることになるからだ。

弱体チームばかりを見てきた私などは、その点「ずるい」と言われてもしかたがない。負けてもともと、「野村がやってもだめだったか」となり、優勝でもしたら「やっぱり、野村はさすが」と無条件で賞賛される。その点、森はあえて〝イバラの道〟を選んだと言える。

一方、西武時代に森が遺した功績の一つに、編成部の強化、選手の潜在能力を見抜く力をチームに与えたことがある。それは現在にまで脈々と流れる、西武のスカウティング力に現われている。3年前に物議をかもした裏金問題など、行きすぎの面はあったものの、その眼力と交渉力が西武の屋台骨を支えてきたことは否めない。

昨年、日本一となった西武のナインを見渡すと、個々の野球センスという点で非常に優れていることがわかる。片岡易之をはじめ、中島裕之、中村剛也、栗山巧ら、ドラフト下位指名ながら頭角を現わしている選手たちは、みな押しなべてセンスを感じさせる。

これは、彼らのセンスを感じることのできたスカウトがきちんと仕事をしているという証拠である。

チームづくりは編成に始まる――。

それはいつの時代もどの球団でも同じことだ。そして、この西武の強固な基礎は、森時代に築かれたものなのである。

## 球団との相性

翻って、2001年に横浜ベイスターズの監督に就任したことは、明らかに森にとって無茶な選択であった。

チームにとって体質の合う監督、合わない監督というものがプロ野球の世界には確実にある。90年代後半の横浜はマシンガン打線の異名どおり、当たり出したら止まらない得点能力を誇っていた。相手が考える前に試合の主導権を握って、最後は大魔神・佐々木主浩が封じ込めるという、まさに勢いの野球。そういうチームに、権藤博というリーダーはキャラクターとしてぴったりだった。

権藤は放任主義をもって試合に臨んでおり、ナインもそれに応《こた》えて打ちまくった。それが可能な好打者があの時代には揃っていたこともあって、「考える前に勝つ」野球が優勝という成果に結びついたのである。翌年、翌々年は3位につけたものの、たった3年で辞めてしまったところも権藤らしくあっさりしていた。

さて、そういう体質のチームに森の野球が合うかどうかは、もうわかりきったことではないか。権藤の時代はおそらく門限もなく、選手たちは自由奔放に過ごしていただろう。それがいきなり、時間がきたら、玄関で監視するような監督がやってきたのだから、たまったものではない。それでは誰だって調子が狂うはずだ。落合ではないが、それこそ「180度違う」のだから、うまく組織が機能する可能性はほぼゼロに近い。

案の定、わずか2シーズン（01年3位、02年6位）足らずで森はチームを去ることになる。横浜は森を迎えるにあたって、いったい何を期待していたのか。組織としての準備は整っていたのか。球団との相性という側面では、私も阪神時代に苦労をさせられたのでよくわかる。おそらく森は、西武とはかけ離れたその体質に驚き、打ちのめされ、「敗れ去った」のだと思う。

## 城島健司に見た人間教育の大事さ

「深沈厚重」——。

中国明代の思想家、呂新吾が遺した言葉である。これは、「リーダーの資質」を的確に表わした至言として、私の心に深く刻まれている。

人物は3つの等級に分類されるとしたうえで、彼は以下のように論じている。

一、深沈厚重なるは第一等の資質なり。
二、磊落《らいらく》豪雄なるは第二等の資質なり。
三、聡明才弁なるは第三等の資質なり。

つまり、組織の上に立つ者は、どっしりと構えて物事に動じない人物でなければならない。これが第一等の資質。太っ腹で細かいことを気にしない性格は第二の資質。そして、才能豊かで弁の立つ人物は第三等、つまり最下位の資質に過ぎないという意味である。

いくら頭が切れて弁舌さわやかであろうと、そういう才覚だけの人間がリーダーとなった組織は、早晩滅びるのである。その真理は時代を超えて不変である。

近頃では、才気煥発《かんぱつ》であることが持てはやされ、人物の〝器〟がないがしろにされているような気がしてならない。日本においても、新しい世代が旧世代を追いやり、このような間違った価値観で組織づくりを行なう面々が増えているようだ。とんでもない話であり、国の行く末を案じないわけにはいかない。

「巧言令色、鮮《すく》なし仁」「剛毅朴訥《ごうきぼくとつ》、仁に近し」ともいう。まさに、頭のよさそうに見える者ほど人望薄く、度量深き者こそ人徳に恵まれる傾向にあるということだ。

監督の存在感にしても同様である。年々歳々、それは軽くなっているような気がしてならない。いま、球界は人材不足という深刻な問題に直面していることは事実である。長年にわたって「人間教育」をおろそかにしてきたツケが回ってきたのではないかと、私は憂いている。

先般のWBC期間中のことだ。キャッチャーの城島健司が私のコメントに対して嚙《か》みついたことがあった。私は単に打たれた場面のみを指摘して、配球についての批判をしたまでだ。それは岩隈が先発して好投した2009年3月9日、第1ラウンドの韓国戦。4回一死一、二塁で、四番・金泰均の打席だった。

この日、城島は金泰均の第1打席を内角中心の配球で打ち取っていた。そして、迎えた第2打席、ここでも城島は初球にインコースを要求した。しかし、金泰均はこれをファウル。この瞬間、私は「もう内角攻めは危ない」と感じた。つまり、内角をファウルしたということは相手が内角を意識している証拠であり、内角攻めを変える必要があったからだ。ところが、城島はなおも内角攻めを続けた。案の定、2球目の内角球を痛打され、決勝点を奪われた。そこを私は批判したのだ。それとても、城島の実力を認めているから、次は失敗しないでほしいと思えばこそ発したのである。それを彼は誤解している。

人への評価は、「無視、賞賛、非難」の段階で高まっていく。取るに足らない者は評するに値せず、まだまだと思う者はおだててやり、真に見込みのある者にこそ「非難」という手段で育成していくのが人間教育の常道なのである。

選手としてメジャーなら、人間としてもメジャーになってもらいたい。メジャーとはそういうレベルであるはずだ。城島はそれを理解していないばかりか、先輩である私に向かって「あのオッサン」と無礼な言葉を吐いた。その態度からもわかる通り、まずもって謙虚さに欠け、自分を押し出そうとする性質はキャッチャー向きではない。さらには、よきリーダーとなる資質にも欠けている。

私はこの一件で、人間教育の大切さを図らずも再確認させられたのである。

# 第4章

# 継続することへのこだわり

## キーワードは「継続」

私が掲げる野球は〝プロセス野球〟である。結果だけを追い求め、勝敗だけに縛られていては、チームとしても個人としても成長はないと信じている。そこに至る過程のなかにこそ、野球というスポーツの醍醐味《だいごみ》があると考えている。

それは何も現場だけの話ではない。

チームづくりという点においては、プロセスはより重要な意味を持つ。たとえば、目先の白星が欲しいがための大型補強や、そのために生じるいびつな戦力構成は、一時の勝利をもたらすかもしれないが、将来に大きな禍根《かこん》を残すことになる。つまり、いったん促成栽培に頼ってしまうと、徐々にチームカラーが失われ、土壌がどんどん枯れていくということだ。

一方、ろくに仕事をしない編成部をかかえてしまったチームもまた、プロセス無視の組織と言わざるを得ない。チームづくりの根本がないがしろにされているのだから、結果を追い求めることさえできない。私が阪神時代、久万オーナーに編成部の改革を訴えたのもそのためである。

両者に共通するのは「人材」というプロセスの重要性である。眼力ある人材が編成部で働いていれば、勝つための人材、つまり戦力が的確に供給される。金ばかり使って頭を使わぬ補強は、長い目で見ると人材を浪費するばかりであり、それ以前に的外れな〝落ち葉拾い〟をしていては戦う態勢すら整わないのである。

プロセス野球を組織的に進めていくうえで、必須《ひっす》なキーワードは「継続」である。チームの目指すべき方向が定まったとき、1年や2年で人材をコロコロ代えていたのでは何も達成できない。失敗をするたびにリセットを繰り返すことは、負けたときの言い訳をあらかじめ用意していることに等しい。

ご推察のとおり、この場合の「人材」とは監督を指す。

現在、プロ野球の監督は「3年契約」というのが、どうやら相場のようである。いったい、いつからこのような年限が定着してしまったのだろうか。

勝った負けたで一喜一憂し、結果が出なければ、たとえ契約期間内でもバッサリとクビを切る。切った側のフロントは、それでファンやマスコミに対して〝ガス抜き〟をしたつもりかもしれないが、やみくもに解雇を繰り返していては、長期的な強化はほぼ不可能であろう。

その監督がどのような野球を目指し、そこへ向かうために具体的に何をしてきたのか。その中身を正しく判断する能力がフロントにあるなら納得もできるが、ただ単に、

「勝ちたい」という結果主義だけでことに当たるのは、大きな誤りである。

チームの生命線を握っているのが編成部だとすれば、監督はその命に活力を与え、勝利という果実を手にするためにあらゆる手段を講じる現場のリーダーである。「この人」と決めたリーダーならば、やる気のある人材をたった1、2年で手放すのは実に愚かなことだと知っていただきたい。

遡《さかのぼ》れば、三原脩監督は西鉄ライオンズを9年、大洋ホエールズを8年間率いたなかでチームを頂点へと導き、川上さんは巨人を14年間、トップレベルに維持させた。西本幸雄さんは阪急ブレーブスで11年間采配を振るわれたが、最初の4年間はBクラス3度と苦労を重ねた末に、福本豊、加藤英司、そして山田久志らを得てパ・リーグの強豪へとチームを飛躍させた。74年に近鉄バファローズへ移られた後も、8年間の監督生活で優勝を経験するのは終盤に至ってからである。

その後も上田利治（阪急監督を15年間務めた）、森祇晶（西武を9年間率いた）など、一時代を築いた指揮官たちは、みな腰を落ち着けてチームをつくり、熟成させていった。王貞治もまた、ダイエー、ソフトバンク・ホークスで低迷から上昇へとドラマチックな14年間を送ったのである。

## 万年Ｂクラスのチームは無策を繰り返す

かく言う私はといえば、南海を兼任監督として８年間率い、ヤクルトではチームを９年間預かった。

南海では後任である広瀬が就任直後、開口一番選手たちに「野村の野球は終わった。忘れてくれ」とリセットし、そのために成績は急降下して万年Ｂクラスのきっかけをつくってしまった。

ヤクルトの場合は、私が９年間で築き上げた野球を若松が素直に継承してくれたおかげで、ＦＡによる主力選手の流出に見舞われながらも、Ａクラスの常連チームに留《とど》めておくことができた。ところが、その後の古田がやはり「野村カラーの一掃」を図ったため順位は下降線をたどってしまったのである。

阪神時代は継続性を打ち出す以前に、妻の脱税問題をきっかけにわずか３年で任を退かねばならなくなり、志半ばで星野仙一へとバトンタッチすることになった。球団を去るにあたり、後任には「激しさと厳しさを持った人物」を選ぶよう、私はアドバイスを授けたのである。このチームに最も必要な処方は、ショック療法だと実感したからだ。

星野は見事にその期待に応《こた》えた。「野村監督の遺産はしっかりと継承する」と宣言し、自らのスタイルで勝利という果実をもぎとったのである。ヘッドコーチだった島野育夫氏も、私に「野村さんの野球をそのまま継承します」と言ってくれた。言うなれば、星野が与えたインパクトによって、私がまいた種が一気に花を咲かせたのである。

手前みそで恐縮だが、これらの事実もまた、継続性の大切さを表わす好例だったと言えるのではないか。

チームづくりの基本が首尾一貫していれば、それが揺るぎないカラーとなり、やがて伝統となっていく。口先では長期計画を唱えながら、実情は監督のクビを次々にすげ替えるだけで、無策の連続を繰り返しているのは、例外なく万年Bクラスのチームである。

究極の契約社会と言われる米国でさえ、それは同様である。

川上憲伸が加入したアトランタ・ブレーブスのボビー・コックス監督（67）は、今年で就任20年目を迎える。当初は最下位だったチームを14年連続地区優勝という、とてつもない常勝軍団に仕立て上げた大監督だ。ただし、キャリアを見ると、この人物は監督就任前の4年間をGM（ゼネラル・マネージャー）として過ごしている。つまり、自らの手でチームを土台から築き直して監督になったわけだ。

群雄割拠の大リーグにあって、かくも長期間トップに君臨できたのは、打線よりも投手力の強化に注力したこと、これに尽きるだろう。ブレーブスはグレッグ・マダックス、トム・グラビン、ジョン・スモルツら史上最強の先発陣がコンスタントに好成績を残した。1年や2年ではない。それを10年以上続けたことに意義がある。

野球は7割以上、ピッチャーの質や出来で決まる。これを無視してバッティング優先のチームを目指したチームに「成功」の2文字は訪れない。それは洋の東西を問わぬ原理原則なのである。

## 31年目のシーズンを迎えた、メジャーの名将

また、2007年まで田口壮が所属していたセントルイス・カーディナルスのトニー・ラルーサ監督（64）は、私と同じ34歳でシカゴ・ホワイトソックスの監督（兼任ではない）に就いて以来、一度もユニフォームを脱ぐことなく指揮をとり続け、今年でなんと31年目のシーズンを迎えている。カーディナルスにやってきてからは14年目にあたり、その間、歴代3位となる勝利数、史上2人目となる両リーグの監督として

のワールドシリーズ制覇など、素晴らしい実績を残してきた。

彼が30年以上もメジャーの監督として仕事を続けてこられたのは、揺るぎない信念があったからだ。個々の調子や相手のピッチャーに合わせて猫の目のように打線を組み替えたり、バントやヒットエンドランを多用する、いわゆるスモール・ベースボールの徹底など、戦術面における〝カラー〟がそこにはあるのだ。

球団がラルーサにチームを託そうとするその根拠は、名前の大きさや優勝回数だけではない。その内容、結果につながる〝プロセス〟が大きな比重を占めているのである。優れたフロントは、それが長い目で〝成功〟をもたらす第一条件であることを知っているのだ。

コロラド・ロッキーズというチームの本拠地球場（クアーズ・フィールド）は、標高1600mもの高地に位置するため、薄い空気のなか打球がよく飛ぶことで有名である。私はそんな異常な環境で野球をしたことがないので本当のところはわからないが、このチームを預かる監督はそれこそ特殊な対応を迫られるに違いない。

何せ〝ピッチャーの墓場〟と恐れられる球場である。

たとえエース級でも相手打線を封じこめる確率は低くなる。ならば原理原則を覆して「打高投低」のチームづくりを目指したくなるのも無理はなく、その結果、球団創設以来Bクラスが指定席となってきた。

現在指揮をとるクリント・ハードル監督（52）は、それでも就任8年目を迎えた。過去の成績を振り返っても、そのほとんどが最下位争いを演じてきたにもかかわらず、である。彼がチームを任され続ける理由は、90年代前半からチーム組織に関わり続けてきたことで、この「特殊な条件下にあるチーム」のやりくりを熟知しているからだという。その成果は、松井稼頭央が所属していた07年、ナ・リーグ制覇を達成したことで実現した。

打撃コーチ出身だけに「打ち勝つ野球」を目指していることは間違いない。しかし、そこに機動力や守備力を加えることで、〝奇跡〟とも言える優勝を勝ち取ったのだ。

私には理解を超えたチームづくりではあるが、どんな方針であるにせよ、「この人」と決めたら継続的に使い続けるフロントの判断力は評価すべきだろう。

## メジャーの姿勢を見習え

私は普段から「自国の野球を大切にせよ」と力説している。

有力選手の海外流出に否定的な意見も述べてきた。しかし、我々日本人にベースボールを伝授し、はるか以前よりプロ野球を発展させてきた大リーグを敵視するつもりはさらさらない。

現役時代から大リーガーと接する機会も数多くあったし、学ぶべきところを学ぶ姿勢は当時もいまも変わってはいない。

55年にニューヨーク・ヤンキースが来日した際、プロ入り2年目を終えた私は、関西地区で開催された「日米野球」を全試合観戦し、あの金田正一投手の剛速球を軽々と打ち返すミッキー・マントルやヨギ・ベラのバッティングにため息をもらした。

その後、たびたび来日する大リーガーたちとの対戦を通じて交流もしてきたし、64年と71年には渡米してワールドシリーズを観戦し、米国人たちがいかに野球を愛し、大切にしているかも実感した。

時を経て、いまや戦術面や情報戦などの分野で、日本のほうがレベルは上と思われる部分もある。ただ、その事実を受け止め、吸収しようとする彼らの姿勢には感心させられることがある。それだけ野球に対して貪欲《どんよく》であり、向上心があるということだ。

〝後輩〟である私たちこそ、その姿勢を見習い、手本にすべきところはきちんと取り入れる謙虚さを失ってはいけないのだ。たかがWBCを連覇したぐらいで傲慢《ごうまん》になってはいけない。

## 外国人監督はもう不要だ

２００７年のオフ、日本ハムの監督を退任したばかりのトレイ・ヒルマンが私のところへ挨拶《あいさつ》にやってきた。何を言い出すのかと思ったら、「いろいろと勉強させてもらいました」といって深々と礼をするではないか。

彼は対戦を通して私の采配、作戦をつぶさに観察していたのだ。バントやエンドランなどの攻撃面、投手交代などの守備面、すべてにわたる状況判断を私の采配を通じて学びとったのだという。

私はその素直さに感心するとともに、自尊心をくすぐられて悪い気はしなかった。08年の北京五輪の際には、キューバ代表の監督を務めていたアントニオ・パチェコが「日本で学んだ野村野球を実践している」という主旨の発言をしていた。彼は02年から約3年間、社会人野球のシダックスに在籍して私の指揮下にあった人物である。

その発言もまた、私を喜ばせた。「こうやって世界に知的な野球が伝播《でんぱ》するのはいいことだ」と、思わず鼻を高くした。いきおいキューバチームを応援してしまったほどである。

かつてブレイザーからシンキング・ベースボールのヒントを授けられ、知力という最大の武器を持ち込み、自身の野球スタイルを確立してきた私としては、このような状況にはまさに隔世の感を覚える。

しかし、そんな浮かれた気分になった私を戒めたのは、「日本の野球にとって外国人とはどのような存在なのか」という基本的なテーマだった。

いまやグローバル化という概念が世の中に浸透し、海外との情報交換が急速に進んでいるという。その伝で言えば、野球界は現代社会の先駆けだったと言える。なにしろ、古くから外国人選手を数多く雇い、戦力補強を施してきたのだ。

ただ、彼らが日本へやってくる第一の理由は、ほぼ〝金儲《かねもう》け〟だった。〝助っ人〟という呼称にも現われているように、腰掛けで稼ぎに来る季節労働者のようなものであり、ブレイザーのように、日本に「先端技術」をもたらしてくれた人材は稀有である。しかも、いまの時代において「もたらされる知識」は皆無とまでは言わないが、ごくわずかであろう。それほど日本の知的レベルは向上し、少なくとも戦術面においては米国を追い抜いたと言っても過言ではない。

だからあえて言わせてもらおう。

外国人監督はもう不要だと。

グローバル化に歯止めをかけるような主張だと思われるかもしれない。私もイコールパートナーとして、大リーグとの交流を妨げるつもりはまったくない。情報交換は大いに結構なことであり、前項でも触れたように参考にすべき点は取り入れるべきだ。しかし、私が最も重視する「継続性」という点について言うなら、外国人の指導者を起用することが日本のためにはならないと考えるのだ。

日本にやってくる監督たちは、しょせん〝助っ人〟と同じくビジネスが第一の目的である。チームを長期にわたって強化し、カラーを打ち出して継続性に結びつけようとする人材がいるとはとうてい思えない。

あるいはヒルマンのように、逆に日本の野球を学んでさっさと帰国してしまう者がいる。彼は実に人格高潔な人物であり、日本ハム球団の関係者もその人柄には敬意を表してはいた。しかし、だからと言って本質を見誤ってはいけない。彼にとっての最終目標は大リーグチームの監督に就くことであり、見事にその夢を果たして、現在カンザスシティ・ロイヤルズで指揮をとっている。考え方、国民性の違いはあれど、日本のプロ野球は一つのステップだったということだ。

記者から聞いた話では、どうやらヒルマンはロイヤルズにおいても、練習からして本当に「日本式」を取り入れているというではないか。WBCで連覇したこともあり、米国のメディアでも日本の野球は大きく扱われていると聞く。それはそれで悪い話ではないが、こと我が国の今後にとっては無関係の話題である。

## 「子は親を見て育つ」

野球は人間同士の戦いである。パソコン上でカチャカチャやって勝負がつくものではない。そこにはどうしても文化や風土の違いというものが出てくる。

外国人が組織のリーダーとなった場合、部下である日本人のメンタリティを理解するのは至難の業であるはずだ。だからこそ、彼らはそんな大事なことには目をつぶり、単に結果を求めるようになる。

つまり、私が提唱する「人間教育の大切さ」などは、おそらく念頭にはない。プロ野球という仕事を通して「世のため人のため」になる人間を育てていくこと、それが技術向上の基礎となることなど、彼らの辞書には一行も書かれていないのである。

その悪例が千葉ロッテ・マリーンズである。

あの選手たちを見ていると、どうにも歯がゆくなってくるのだ。茶髪だらけのヘアスタイル、だらしない服装、試合前のノックはダラダラノック（試合前のノックの目的は、主にファンサービスである。プロらしいプレーを見せて、ファンに「さすがはプロ」と思ってもらうショータイムなのだ）……それが個性とでも言うのか。個性とは周りの人の承認があって輝くものだ。プロ野球選手なのだから、個性はプレースタイルで存分に発揮すればよい。

「親を見れば子がわかる」ではないが、ボビー・バレンタイン監督の所業を垣間見《かいま》るにつけ、私は嫌な納得をせざるを得ない。契約のこじれで辞める、辞めないの大騒動を引き起こしたことでもわかるとおり、彼は紛れもなく、日本での監督業を単なるビジネスとしか捉えていない。練習中にバックネット裏で選手の練習を見ながらいつも、ずっと携帯電話で大声で長話を続けているのだ。誰と話しているのか知らないが、グラウンドでのその素行は選手たちに悪影響を及ぼすと同時にマナー違反であると私はかねてから懸念してきた。また、マスコミや一部の熱狂的なファンを巧みに利用して保身に余念がない様子など、ファンの前ではやってほしくない悪いマナーが多すぎるのだ。

だが、経済面も含めて球団はついに手に負えなくなったのか、今季限りで彼を切る決定を下したようだ。しかし、それを開幕よりはるか以前に発表せざるを得ないところに、千葉ロッテの苦悩が見える。

「子は親を見て育つ」のである。

勝敗だけではなく、現場で起きていることのすべての責任は監督にあるのだ。千葉ロッテには、バレンタインが去った後、選手たちを正しく教育できる人材を登用していただきたい。

目先の結果にとらわれることなく、基本方針を固めたら一人の監督にチームカラーの確立を託す。それがチームを真に強化することであり、人を育てることにつながり、ひいては日本の球界発展にもつながるのだ。

ビジネスだけで球界に入り込み、日本の野球を利用して去っていく愛国心のない外国人監督には、その重責を任せるわけにはいかないのである。

そんなことを続けていては、球界の人材不足は解消されず、ますますその傾向は顕著になっていくことだろう。

## 歴史に対する敬意

冒頭でも紹介したように、私は昨年、選手と監督の両方で3000試合出場という記録を達成した。別にこの数字を目標に仕事をしてきたつもりはないのだが、かくも長らく球界に関われたことを密《ひそ》かに誇りには感じている。

ただし、米国の球界関係者に言わせると、「とんでもない大記録」だそうである。特にキャッチャーとして3000試合に出場したことは、特筆に価するというのだ。まあ、そのような賛辞を日本の球界、マスコミに期待していたわけではないが、それを伝え聞いて少し寂しい気分になったことも事実である。これがもし長嶋茂雄だったら、もっと派手に扱われていたのだろうか。

大リーグや米国のことを持ち上げたり、腐《くさ》したりで忙しいのだが、一つ彼の国にあって我が国にない〝見識〟を挙げるとするなら、記録に対する認識、広くとらえるなら歴史に対する敬意ではないかと思う。

「継続は力なり」という言葉を私は好んで使う。それは、本章において、チームづくりの本質に触れながら主張してきたことでもご承知いただけたのではないだろうか。続けることとは、ある意味では勝つことよりも価値があるとさえ考えている。一意専心、わき目もふらず一つのことに打ち込むことは、人間にとって最も輝かしい営みであろう。

私は野球に長年打ち込んできた。そして、その結果として現役27年（うち一軍では26年）、監督23年という歳月が数字として浮かび上がってくる。本塁打や打点、安打の記録についても「史上2位」という私らしい順位とはいえ、自慢になりこそすれ、

1971年、近鉄戦で通算4017塁打の日本記録を達成。この記録も王に抜かれて2位に。

決して恥ずべきものではない。私は知る人ぞ知る〝2番の似合う男〟なのだ。

昨年、工藤公康（横浜ベイスターズ）が一軍実働27年に達し、歴代1位となった。これでまた私は追い抜かれて2位になったわけである。工藤はピッチャーという重労働を担いながらの「継続」であり、賞賛してもしきれぬほどの偉業を成し遂げたことになる。まことに凄《すご》いことをやってのけたものだ。

実績を評価する際、最も価値があるのは通算記録であり、続いて連続記録である。1シーズンだけ活躍したり、ましてや1試合における記録などというのはそれほど大した意味はない。続けることの重要性は何ものにも代えがたいのである。

しかし、日本人はそのことにあまり目が向いていないような気がしてならない。私自身、残してきた記録を並べてみても、生きていくうえで何の役にも立たなかったという実感がある。「評価は人が下すもの」であるから、自身のことを含めて、とやかく言う立場にはないのかもしれない。しかし、この国の人々は、あまりにも歴史をないがしろにしすぎているのではないだろうか。少なくとも野球界に身を置く者としては、そう感じざるを得ないのだ。

## ヒーローを称える米国文化

球界に貢献した人々を表彰する制度として、「野球殿堂」という存在がある。そこに名を連ねることで業績を称《たた》えようということだが、果たして日本において、それがどれだけ野球ファンの間に意識されているだろうか。この私も「殿堂入り」をさせていただいた者の一人ではあるが、賞状と額をいただいただけで、気分としてはそれ以上でもそれ以下でもない。単なる形式である。

何も金品を求めているわけではない。覚えてはいないが、幾ばくかはいただいたはずだ。問題は、そのように形式だけ繕っても、人々の心にはその野球人の〝栄誉〟が届いていないという実情にある。殿堂自体、カタチだけ大リーグの真似《まね》をしたのであり、その精神はまるでなぞらえられていないのだ。

米国は野球発祥の地であり、ベースボールが国民的な娯楽として発展してきた経緯がある。当然、その歴史に対する文化的評価は高く、球界を築いてきた偉人たちへの憧憬《しょうけい》や畏敬《いけい》の念は計り知れなく大きい。

オフシーズンに発表される〝殿堂入り候補〟とその結果は全米のファン注目の的であり、彼らの間では大いに議論が交わされるという。そして、夏に開催される表彰式では、殿堂入りを果たした功労者たちが晴れの舞台で、野球選手としての最終ゴールに行き着いた感激をあらわにするのである。野球人としての「人生最高の瞬間」はこのときにあるという者も多い。

米国には「ヒーローを称える文化」が厳然とある。もちろん、大リーグにおいてもそれは言えることで、たとえ引退してもその栄誉はいささかも衰えることはない。

99年、オールスター戦がボストンのフェンウェイパークで行なわれたときのことだ。始球式のためにテッド・ウィリアムズがカートに乗って登場すると、観客は総立ちになって地元のヒーローを出迎えた。それればかりか現役のスター選手たちが我先にと、こぞって〝球界の偉人〟のもとへ駆け寄り敬意を表していた。

サンフランシスコで開催された07年にはウィリー・メイズが、ヤンキースタジアムで行なわれた08年は同じくヨギ・ベラが熱狂的な歓迎を受けて始球式を行なっていた。

こういうシーンを見るにつけ、米国の野球人たちが置かれた地位というものに、少なからず羨望《せんぼう》の意識を抱いてしまう。ヒーローが死ぬまでヒーローとして生き続けることのできる文化に、強く惹《ひ》きつけられてしまうのである。

果たして、このような光景を日本で見ることができただろうか。おそらく皆無ではなかろうか。日本人が歴史をおろそかにし、ヒーローを称えることを忘れてしまったというのなら、実に悲しいことである。

## 次期監督は荒木大輔？

私は06年、東北楽天ゴールデンイーグルスの監督として球団と3年契約を結んだ。いつしか定着した球界の〝慣例〟に従ったことになる。

「1年目に種をまき、2年目に水をやり、3年目に花を咲かせる」という言葉は、ヤクルト時代に発したものだ。寄せ集めの選手たちだけで生まれ変わったばかりの楽天の場合、まずは「種を集めて土壌を耕すこと」から始めねばならず、「風雪5年」という表現に改めた。このキャッチフレーズのままにチームづくりをするとなれば、あと2年ということになるのだが、そうはいかなくなった。

昨年8月、島田亨オーナー兼球団社長から、「来年のことを話したい」という連絡が入り、球団事務所に出向いたところ、こんなことを言われたのである。

「今年で3年契約は切れるのですが、もう1年監督をやって引退の花道を飾っていただきたい」

これはいったい、どういう意味だろうか。

「引退の花道を飾る」というからには優勝して辞めろということか。そもそも、勝手に人の花道を決めていただきたくはない。言うに事欠くとはこのことである。

要するに3年やらせて優勝できなかったのだから、本来は今年限りでクビなのだが、もう1年オマケをやるから頑張れということだ。そうハッキリと言えなかったのだと思う。

そこまでは黙って聞いていたのだが、今度は「その1年間で次期監督を育成してくれ」ときたから驚いた。どこの世界に、たった1年で監督を育てられる者がいるだろうか。

いくらIT企業だからといって、インターネットのようにスピード化一辺倒でことがうまく運ぶと考えていたら大間違いである。ボタンの早押しゲームとはわけが違うのだ。

後継者の目星はつけているのかと球団社長に訊ねてみると、それは荒木大輔だという。リサーチをした結果、真面目《まじめ》で評判が非常によろしいというのがその理由だそうだ。ヤクルト時代、彼は私と一緒に戦ってきたのだから、それぐらいのことは私もわかる。しかし、ちょっと待ってもらいたい。荒木は現在ヤクルトのピッチングコーチを務めており、将来はヤクルトの監督となることが規定路線ではないのか。

私は9年間もあの球団にお世話になったのだから、彼らの組織づくりは熟知しているつもりだ。後継監督については何年も前から計画を練り、用意周到に準備をする。私の時代も若松を傍《そば》に置いて、その後は古田が受け継ぐということが決まっていたのだ。いわば「家系」を大切にする、そういうファミリー主義のチームなのである。何年後になるかわからないにせよ、ヤクルトが荒木を手放すことはまずありえない話なのだ。

リサーチするなら、人間関係や人脈、チームの体質などをしっかり把握してから事にあたらねばならない。パソコン上の計算で、「人間のゲーム」である野球を操作できると思ってもらっては困るのである。案の定、荒木の入団交渉は失敗したと聞いている。

## ファンあってのプロ野球

すでに公言していることだが、私は今年、「優勝することで球団を困らせてやりたい」と企んでいる。そうなったときの彼らの反応を楽しみに戦っているのだ。

この3年間で、私は仙台のファン気質というものがある程度わかってきたつもりだ。大阪などと違って、口汚い野次はほとんど聞かれず、爽《さわ》やかな声援ばかりが聞こえてくる。

そして、地元チームを応援する喜びがひしひしと伝わってくる。たとえ10点差で負けていても、ほとんどの観客が席を立とうとしないのである。これが大阪だったら、試合が終わるまでに半分以上の人が球場を後にしている。それだけ仙台のファンは野球を観ることが好きなのだろう。どんな試合になろうと、我々を支えてくれようとする姿勢には本当に感謝の一言である。

ただし、自分たちの意に沿わぬことが起これば、敢然と行動を起こす一面もあるようだ。

4年前、初代監督であった田尾安志が解任されたときには、その撤回を求める署名運動まで起こった。田尾の人柄もあるだろうが、たった1年で更迭とは理不尽であると感じたのだろう。聞くところによれば、その問題に端を発して、球団関係者の家族にまで影響が及んだという。そういう現象はお世辞にも褒められたものではないが、地元のファンがそれだけチームを愛していることの表われだったともとれる。

では今年、もし私が彼らの言う〝花道〟を飾れる結果を残したとき、そして優勝監督を切ろうとしたとき、仙台のファンはどのような反応を示すだろうか。優勝までいかなくても、初のAクラスでクライマックスシリーズに進出し、精一杯活躍したと想定してもよいだろう。ファンを大切に思う気持ちについて、私は人後に落ちないという自信がある。ファンあってのプロ野球であり、仙台市民、東北の方々あっての楽天イーグルスである。ファンもそのことはわかってくれていると信じている。

WBCの開催に先駆けて行なわれた各メディアのアンケート調査でも、私はファンによって「最も監督になってもらいたい人物」に認定された。この一件で、「俺はそれだけファンに認めてもらっているのだ」という気持ちになり、最高に嬉しかった。

野球界には、まだファンのありがたみを認識していない人々が大勢いる。

野球人気が長期低落傾向にあるなどという風聞は、遡ってファンの存在を無視し続けてきたツケが回ってきたことによる自業自得の自虐ネタである。それがひとたびWBCの盛り上がりを見て、「やっぱり日本人は野球が大好きなのだ」と安心してそこで立ち止まっているのなら、それこそおめでたい話だ。

ファンの声を聞き、その期待に最大限応えることが球界の最大の使命だ。制度や運営方法、戦い方から人事に至るまで、その態度を真摯《しんし》に貫いてこそ、自らの発展があることを肝に銘じていただきたい。

これは球界全体に対する意見であるとともに、もちろん楽天フロントに対する私からのメッセージでもある。

## 年齢は問題ではない

私は自分のことを「もう歳《とし》ですから」と謙遜《けんそん》して口にすることがある。しかし、その一方で、「年齢だけでものごとを判断してもらいたくない」という、強い反発心も抱いている。だから、他人から歳のことを持ち出されると無性に気に障るのである。

今回、楽天のフロントがこの話題を出したことも、私の心に火をつけた一因である。

「監督ももう74歳になられるのですし……」と切り出してきたとき、「それがどうした」という気分になった。年齢という、単なる数字が評価の対象になるのだけは許せない。

私は45歳まで現役でプレーを続けてきた。なぜか。そうするだけの体力があり、経験というそれ以上の財産を蓄えてきたと思っていたからだ。

そこへ至る道中には、心が折れそうになる瞬間が何度もあったが、望まれているうちはバットを握り、マスクをかぶり続ける覚悟を最後まで捨てなかった。続けることの意義を後進に示すことが、私の使命であると感じたからでもある。

これは日本人の悪い癖だと思うのだが、やたらと年齢だけで判断し、レッテルを貼りたがる。30歳を過ぎたら中堅選手で、35歳を回ればもうベテランと呼ばれる。当時、周囲からは「45歳なのに体がよく動くな」とか、「歳のわりに若いぞ」とか、雑音が次から次へと聞こえてきたが、私はこのような表面的な評価をどうしても覆したくて、心身を律してグランドに立ち続けていたのだ。実際、肉体の衰えを感じなかったと言えばうそになる。ただ、だからこそ、それをカバーするだけの頭脳と技術を磨いてきたのである。

ましてや、「首から上」が大事な監督業ならば、なおさら年齢を問題にしてもらいたくはない。老人性の病気か何かで、しょっちゅう試合を休んで周りに迷惑をかけているわけでもない。チームの足を引っ張るようなマネなどした覚えは一度もないのだ。

契約話の際にこの話題が出されたとき、私は28年前を思い出していた。

そう、現役最後の試合で代打を送られたときのことである。

歴史は繰り返されるものだ。「あのときと同じ」立場に私は立たされたのかと、なぜか感慨に浸ったりもした。

あのときは「チーム優先」の原理原則に反する心情が湧《わ》き起こり、それを戒めとして身を引く決意をした。しかし、今回は違う。私はまだまだ元気であり、野球への情熱、勝利への執着心はいささかも衰えたりはしていない。

いや、むしろ増していると言ってもよい。

ご心配していただくのはとてもありがたいのだが、私としては、「要《い》らぬお世話はしていただかなくても結構です。年齢ではなく、リーダーとしての資質で判断してください」と、切にお願い申し上げる次第である。

第5章

# 〝中心〟へのこだわり

## “いま”が大事な楽天イーグルス

楽天イーグルスはいま、非常に大事な時期を過ごしている。球団ができて5年目。まだ走り始めてわずかな年月しか経《た》っていない。だからこそ、“いま”なのである。「鉄は熱いうちに打て」の格言どおり、組織のカラーを決めるのはこの時期をおいて他にない。

建物にたとえるなら基礎工事の段階であり、ここでチームづくりを誤ると将来に悪い影響を残してしまう。最終的にはフロントの責任者たちがどう判断するかに委《ゆだ》ねられるわけだが、少なくとも私はこの3年間、そのことを常に頭に置きながらチームを見てきたつもりである。

「中心なき組織は機能しない」ということをまずは肝に銘じて、チームは運営されていかねばならない。監督就任以来、私が常にチームリーダーの存在を模索してきたのはそのためである。中心となり、チームの鑑《かがみ》となる人物が出てきて、初めて組織は組織としての体をなす。

私が「チームとしての理想」に掲げるV9時代の巨人には、ONという揺るぎない中心選手がいた。それは紛れもなく、川上監督による厳しい人間教育の賜物《たまもの》であり、長嶋や王は中心としての自覚を徹底的に叩《たた》き込まれたのである。

私もかくありたいと願い、キャッチャーで四番ということもあって、組織を強固なものにするべく中心選手として奮闘してきた。

ヤクルト監督時代には、古田がチーム浮沈のカギを握っていた。

１９９０年代、１年ごとに優勝とBクラスを往復していたチームにあって、古田の打撃成績は見事にチーム成績の上昇、下降にシンクロしていた。彼が活躍した年はVを勝ち取り、故障も含めてダウンしたときは4位である。

私の後任であった若松は、朴訥《ぼくとつ》とした性格で、あまり人前でしゃべることを得意とするタイプではなかった。私の下でコーチをしているときは、攻守にわたり実戦を通して私が授けるアドバイスを熱心に吸収していたが、私が去った後はそれを上手に表現できていなかったと見える。そんな監督をサポートしていたのも古田である。彼は口ベタな若松に代わり、「グラウンド上の指揮官」としてナインをまとめていたのだ。

選手としては、監督が上から指示を出すよりも、同じ目線に立っている同僚（先輩）選手が話をするほうが効果的な面がある。２００１年に日本一となった原動力も、その大部分は古田によるところであろう。

その後、古田自身が選手として衰えていくとともに、若松ヤクルトも勝てなくなっていった。監督在任7年のうち、優勝はその1回だけだったことからも、ヤクルトは中心選手の成績に負うところがあまりにも大きすぎたのである。

## 岩隈久志よ、〝チームの鑑〟となれ

さて、我が楽天イーグルスは近い将来、常に優勝を争うことのできるチームとなるのか、さもなくば万年Bクラスに甘んじるのか。そのカギを握るのが中心選手の存在である。

本来ならば、その役目を担うのは毎日試合に出場する野手でなければならない。しかし、現状を冷静に見渡すと、「そうはいかない」というのが私の本音である。この件については後段で詳述する。

というわけで、基礎づくりの段階を経て、これから先も〝チームの鑑〟になってもらわねばならないのが、ピッチャーの岩隈久志である。

昨年21勝をマークして完全に〝エースの品格〟を身につけた岩隈は、その好成績におごることもなく、チームのために尽くそうと努力している。WBCでの好投もプラスに働いており、自分の置かれた立場を自覚しながら、プレッシャーにも負けない精神力もますます充実している。ダルビッシュ有との投げ合いになった札幌での開幕戦も、見事に勝利をチームに呼び込んだ。

エースに求められる最大の要素は、チーム全体に与える信頼感である。

「このピッチャーが投げているときは負けないんだ」という確信、すなわち「無形の力」を授けることだ。そのためには味方に「1点取れば大丈夫だ」と思わせる安定感ある内容、負けないピッチングをしなければならない。

連敗を最小限にとどめるという実質的な役割だけではない。

ときには勝てないこともあるだろう。しかし、それがナインの心に闘志を植えつけ、「今度こそエースを勝たせてやろう」という力が湧《わ》いてくる。いったん信頼を勝ち取れば、それがチームを一つにまとめるエネルギーにもなるのである。

選手の能力や将来性を年齢という〝メガネ〟をかけて計るのは私の主義ではない。現在28歳の岩隈がこの先エースとしてできるだけ長く、そして安定的にチームの信頼を得続けることが、まずもって楽天の行く末を占ううえで最重要項目となるだろう。

## 江本に学んだ選手操縦の難しさと面白さ

私はこれまでにも、その時代ごとに「鑑」となるピッチャーと巡り合ってきた。南海時代には、杉浦忠という大エースが君臨していた。「球界の紳士」と言われるほどのスマートな風貌《ふうぼう》、天から授かった素晴らしい肉体と運動能力を武器に、流れるようなサイドスローから繰り出される快速球でチームを引っ張ってくれた。

惜しむらくは、登板間隔や投球回数の制限などの常識がまだ希薄だった当時は、特定のピッチャーに頼る傾向があり、稲尾和久（西鉄ライオンズ）をはじめ多くの主力投手が短命に終わるケースが多かった。杉浦もその一人だった。そこで彼は「省エネ投法」をしたいがために、私の反対を押し切ってシンカーを覚え、持ち味である伸びのいい浮き上がるストレートの威力を殺してしまう。

やがて血行障害に悩まされた杉浦は、後年はリリーフとして貢献してくれたものの、その全盛期が10年ともたなかったことが悔やまれる。その辺のいきさつは、08年に刊行した『エースの品格』に詳しく書いたので、興味のある方は是非そちらもご覧になっていただきたい。

さて、その後の南海は、私が監督を兼任しながら攻守の要《かなめ》をも司《つかさど》るという異常な体制が続いていたせいで、ピッチャー陣には「鑑」としての責任を負わせることなく戦っていた。

ただ、そんな70年代前半、巨人からトレードで獲得した山内新一や松原明夫を再生させたことは非常に大きかった。それまで好成績を残せず、くすぶっていたピッチャーの潜在能力を引き出すことができたのも、勝つための「観察眼」をフル稼働させていたからだ。

なかでも72年に東映フライヤーズから引き抜いた江本孟紀には、いろいろな意味で勉強させられた。

前年にプロ入りした江本は、主に負けゲームの中継ぎで起用される、図体以外は目立たぬ平凡なピッチャーだった。ただ、対戦しているなかで私は彼のストレートの威力に「これは使える」という可能性を感じていた。

そんなことを考えていたら、その年のオフ、たまたま東映からトレード話を持ちかけられた。東映の田宮謙次郎監督が、「おたくの高橋博士を譲ってもらえないだろうか」と言うのだ。

キャッチャーの高橋は私の控えでなかなか出番がなく、よその球団に行けばもっと出場機会も増えるだろう。何とかしてやりたいと思っていた矢先だ。これぞ絶好のタイミングである。

交換要員に田宮監督が差し出してきたのは、私の眼鏡にはかなわぬピッチャーだった。

「じゃあ、誰が欲しいの？」

そこで、いよいよ切り出した。

「あの、背がでっかくて荒くれの男がいましたよね。えーと……」

「誰？」

「こないだウチとの試合で敗戦処理に出てきた、球は速いけどノーコンの……」

「あ、江本か。いいよ。本当にあいつでいいの？」

単刀直入に江本の名前を出せば、「野村が買っている」ことがバレて話がうまく進まなくなる恐れがある。気にかけていないふりをしながら、それとなく要求する戦術である。

「そうそう。そんな名前でしたね。お願いします」

会談はスムーズに終わり、交渉成立。江本は1勝もしていないのだから、野手を一人つけてもらわねば釣り合いが取れないということで、内野手の佐野嘉幸も一緒に獲得できた。実に効率のいい2対1のトレードである。

移籍1年目、さっそく私が先発に起用すると、江本は期待に応えて16勝をマーク。そして翌73年には、パ・リーグ優勝に向かって大車輪の活躍を見せてくれたのである。その働きに対しては、いまでもよくやってくれたと感謝している。しかし、最も強く思い出されるのは、江本を通じて知った「選手操縦術」の難しさであり、面白さである。

江本は、実に天邪鬼《あまのじゃく》な男だった。長髪を注意したときのことだ。「プロ野球選手である前に自分が社会人であることを自覚しろ」とこちらが言えば、「野球は頭の中身でやるもので、外側は関係ないでしょう」と返してくる。口達者な男と対決することは、自らの説得力をも鍛えるものだ。

そのうち私はこう悟った。

この男は、右を向けと言ったら左を向く。逆を突けば、その逆を行くのである。細かい言葉のやりとりまでは覚えていないが、この法則に沿ってその後はなんとか指導を続けることができた。

リーダーとして組織をまとめていくためには、全員にすべて同じやり方で接していたのでは立ち行かず、かえって不満と反発を生むという教訓をこのとき改めて思い知ったのである。

## 江夏を変えた一言

75年オフ、阪神の吉田義男監督が「江本をほしい」と言ってきた。「江夏とどないでっか」と言ってきたのには驚いた。「江夏ってもう一人いるんですか」と思わず聞き返した。「いや、あの大投手の江夏でんがな」……うまい話には裏があるの例えどおり、やはり江夏は肩を壊していたが、人気を評価し、このトレードを成立させた。

そんな江夏豊もまた、私のリーダーとしての資質を試すために天が授けてきたような男であった。

阪神では天下無敵のエースであり、〝お山の大将〟としてやりたい放題の日々を送ってきた江夏にとって、人気のない南海への移籍は「まさか」の出来事だった。その落ち込みようからして、相当のショックだったに違いない。

しかし、その時点で彼の先発ピッチャーとしての可能性は、すでに半分以下に落ちていた。握力の低下によって球数を多く投げることができないという現実がそれを如実に物語っていたのである。

私は一計を案じ、江夏をリリーフ投手として再生させる決意をする。当時、先発とリリーフには「地位」としての格差が厳然とあった。ピッチャーといえば先発するのが一流で、後から出てくるのは二流、三流というのが常識。しかし、それを承知で私は彼にリリーフ転向を命じたのである。なぜなら、そうした判断の背景には、プロ野球界全体に「意識変革」の波が押し寄せつつあるという認識があったからだ。

江夏は猛烈に反発した。

「トレードされて恥をかかされたうえに、リリーフに転向させてまた恥をかかすつもりか！」

一流としてのプライドが許さなかったのだろう。その気持ちはよくわかるが、球界の現状と未来を天秤《てんびん》にかければ後者に身を託すほうが賢明であり、江夏自身のことを考えればそれしか方法はない。私は言葉を尽くして説得にあたった。

「ピッチャーは近い将来、先発、中継ぎ、そして抑えという分業制になる。そういう時代がもうそこまで来ているんだぞ」

それでも納得しない江夏に向かって、私の口は勝手にこう言い放っていた。

「リリーフの分野で革命を起こしてみろ」

そのひと言は彼の胸にどうやら届いたらしかった。まんざら悪い気分でもなさそうだ。

「うーん、革命か……わかった、やる」

こうして交渉を成立させた私は、かつての奔放《ほんぽう》なる剛球先発ピッチャーが史上屈指のリリーフエースとして再生するきっかけをつくったのである。

## マーくんを「稲尾二世」と言った理由

いま思えば江本と江夏、さらに言えば門田博光というツワモノもいたけれど、この時代に生きた彼らのような〝奇人変人〟には、その後ついぞお目にかかったことがない。

監督やコーチにどんどん反抗せよと促しているわけではない。誰も彼もがこの男たちのようだったら、リーダーとしてはたまったものではない。ただ、最近の選手たちを見ていると、どこからも批判や意見というものが聞こえてこない。それだけ真面目《まじめ》な子が多くなったのかとは思うが、どうだろうか。

自分の考えをきちんと表明できるということは、生き方にポリシーがあるという言い方もできる。野球に対する理想があるからこそ、ときには不満も噴き出す。私としては、「言いたいことがあるのなら、どんどん言ってこい」という姿勢なのだが、一切そのような風は吹いてこないのである。野球のプロなのだから、独自の思想や哲学を各人が持っていてもよかろう。

問題児や異端児と言われる存在も極めて少なくなった。いま風に言うなら〝プチ変人〟クラスは我が楽天にもチラホラいるのだが、彼らはおしなべて寡黙であり、感情表現をしないものだから何を考えているのかよくわからないのである。

そういえば、最近ふと思うのだが、投手交代を告げようとしたとき、「まだ投げられる」「もっと投げさせてほしい」と言う選手がほとんどいなくなった。

昔の主戦投手はほとんどがそう言ったものだ。400勝投手の金田さんなんか、監督が投手交代を告げようとベンチを出ると、マウンドから「出てくるな！」と叫んだくらいだ。いま、そういう気概を持っているのは、楽天ではマーくんくらいだろうか。マーくんは「まだ投げられます」「もう少し投げたい」と意志表示する。昔のエースたちの気質を受け継いでいる数少ない投手だ。私が完投したマーくんを「稲尾二世」と評したのは、そんな意味からなのだ（2008年刊『エースの品格』参照）。

野球選手はサラリーマンではないのだから、自己主張するべきところはちゃんとしてもらいたいものだ。正しいと思ったことがあれば、相手が誰であれ面と向かい、論戦をふっかけるぐらいの気概があっていい。江本、江夏、そして門田のおかげもあって、私は少々の「強敵」が現われようと動じることはないと断言できる。むしろ「強敵」が現われて、切磋琢磨《せっさたくま》してくれることを望んでいるのだ。さあ、かかってきなさい。

## 優れたピッチャーたちとの出会い

ヤクルトで過ごした9年間では、優れたピッチャーとの出会いが数多くあった。

就任当初、これといったエース格のいなかったチーム事情から、補強のポイントは投手力であると確信した私は、ドラフト会議でも徹底してピッチャーを指名するよう、球団にお願いしてあった。

そして、90年のドラフト会議で1位指名によって入団してきたのが、岡林洋一である。ルーキーイヤーからリリーフも含めて大車輪の働きをしてくれた岡林は、特に92年、西武との日本シリーズでは酷使に耐えて驚異的なピッチングを見せた。結果的に日本シリーズでは惜敗したものの、彼はその時点で見事にエースとしての働きぶりを示した。

同年3位指名でヤクルトの一員となった高津臣吾は、3年目の93年からリリーフに転向し、その後リーグを代表するストッパーへと成長していった。入団したての頃は、アンダースロー投手ということもあって、左バッターにカモにされていたのだが、後に〝伝家の宝刀〟と呼ばれるようになる落差の大きいシンカーを覚えて以来、急成長した。

一つの球種が一人のピッチャーの人生を変えることはよくあることだ。当時、西武の中継ぎエースであった潮崎哲也の「ボールの握り」をよく見て盗めと、私が指示したことがきっかけである。

他にも川崎憲次郎や荒木大輔、さらには石井一久ら多士済々がその後もよくチームを盛り上げてくれたわけだが、なかでも私に最も大きな印象を残したピッチャーは、92年のドラフトで1位に指名した伊藤智仁である。

肩の可動域が非常に広い特異な体質だったため、そのフォームはダイナミックであり、またバッターからすれば腕が遅れて出てくる分、打ちにくい。しかも、高速で繰り出されるスライダーのキレは私がこれまで見たなかではナンバーワンの威力を誇っていた。

そのようなピッチャーとして抜群の能力を持っていたのはもちろんだが、それ以外に私が彼に対して感じたことは、心の内に秘めた闘争心、野球に取り組む真摯な姿勢だ。そこには確かなエースとしての風格をたたえていたのである。

ただ、ルーズショルダーといわれるその体質は、肩の故障を招きやすく、それがもとでピッチャーとしての寿命を大幅に縮めてしまった。

私がもっとその肉体的なハンディを考慮し、登板間隔や球数をセーブしてやればよかったのかもしれないと、いまとなってもときおり思い返し、反省している。これは岡林についても言えることだが、以来、ピッチャーの起用に関してはそのケアを充分に行なわなければならないことを肝に銘じている。

## 山崎武司に求めること

野球は7割以上がピッチャーによって左右される。これは誰がどう反論しようと、紛れもない真理である。たとえば、ピッチャーが相手チームを0点に抑えれば、自チームは絶対に負けないのだから。

したがって、投手陣の整備がチームづくりにおける最大のテーマであることは疑いようがない。そこにエースとそれに続く先発投手が揃《そろ》い、有能な中継ぎと信頼すべきストッパーがいれば、戦う組織は8割方完成したと言ってもいいだろう。

しかし、本当にそのチームを「機能」させたいのなら、「中心」となる選手が必ず必要となってくる。そして、それは野手のなかから現われるのが理想的である。「チームの鑑」となりうるどんなに素晴らしいピッチャーであっても、試合に出場するのはせいぜい1週間に1回である。50年前の稲尾や杉浦の時代ならともかく、ローテーションが確立している現代の野球では、毎日ベンチに入ることさえ叶《かな》わない。

我が楽天の場合、岩隈がチームの現在と未来をつくっていくうえで、必要不可欠な「中心」であることに変わりはない。ただ、「本来の形」をつくっておきたいという気持ちが私のなかには常にあるのだ。

あえて言うなら、それは山崎武司ではないかと私は考えていた。中日、オリックスで苦労を重ね、楽天にたどり着いて見事に再生した選手である。07年にはホームラン王のタイトルを獲得するなどプロの意地を見せ、チームの浮上にも貢献してくれた。

性格的にはよく気のつく男であり、礼節を重んじる人柄には好感が持てる。若い選手がたるんでいるところを見つけると、ときおりベンチ裏へ呼びつけ、説教もしている。そういう姿を見ると、「自分がチームを引っ張っていかねばならない」という自覚を感じるし、監督である私に代わって組織の細部に目をやり、考え方を浸透させてくれているのかとも思う。

前にも述べたとおり、監督やコーチなどが上から押しつけるのではなく、肩書きのない選手がものを言ったほうが周知徹底され、組織の団結力は強化されるものである。

たしかに、山崎はチームで現役最年長であり、それだけの責任感を持って行動してくれているようだ。このまま彼を「チームの鑑」であると断定してよいのかもしれない。


と、そんなことを思いながら、同時に彼が引退した後のことも考えてやらねばならないと、私は一つのテストをしてみることにした。

昨年のある公式戦でのことである。3点ビハインドの9回裏、先頭打者として山崎がバッターボックスに入った。カウントは0‐2となった。

通常、この場面では「待て」が常識的な指示である。もしバットを出してホームランを打ったとしても、点差は1つ縮まるだけ。かえって相手のバッテリーが引き締まり、こちらの状況は悪化してしまうかもしれない。ここはなんとか出塁して、走者を溜め、プレッシャーを与えなければならない。

それまでの2球は、すべてストライクゾーンを大きく外れる完全なボール球であった。であればなおさら、「待つ」のが当然である。

そこで私は一計を案じた。あえて山崎に対して「待て」のサインを出さなかったのである。つまり、自由に打ってよろしいという意味でもある。

どう対処するかによって、山崎の野球への取り組み方、いや、組織のリーダーになりうるか否かが問われる場面と言ってもよい。

果たして、山崎は3球目を打ったのである。ボールは幸いファウルゾーンへ飛んだのだが、このとき私の頭には疑問の2文字が明確に浮かび上がった。

私は心のどこかで、山崎がタイムをかけて「監督、それはおかしいですよ」と言い返してくるのではないかと期待していた。ところが、こともあろうにバットを振り回したのである。

これが経験の浅い平凡なレベルの選手であれば、当然「待て」のサインを出すのだが、経験を積んだベテランであり、実際にチームリーダーとして働き、将来は指導者になれるかもしれないと踏んだバッターである。それぐらいの状況判断をしてくれるだろうと思ったのだ。「待て」のサインが出ていないから自由に打ってよいのだが、ベテランである以上、あの場面は自主的に待つ状況であると私は考え、彼の野球の考え方を試したのである。

「だったらサインを出してくださいよ」という言い分があるとするなら、それもマイナス評価につながる。指示を待っているだけの選手に、チームを束ねていくだけの器量はないと考えるからだ。

人は思わぬところで自分が見られているということを知ってほしい。そして、「人間は他人の評価で生きている」ということをわかってもらいたいのだ。

自分に対する評価はどうしても甘くなる。自己評価なんぞ、百害あって一利なし。とっとと頭の外へ放り出していただきたい。私は普段から口をすっぱくして力説していることなのだが、どうもまだ浸透していないようだ。

ただし、この一件を除いて言うなら、私は山崎という人間は評価している。まだまだ成長できるとも信じている。見込みのある者だからこそ、厳しく〝非難〟するのである。残された野球人生、もっともっと「野球とは何か」「勝つためには何が必要か」を考え、引退が近いのだから引退後のことも考え現在を生きるべきである。

一つ余談を付け加えておく。

現在野手出身の監督たちがもし現役時代にこのテストを受けていたら、全員が「自主的に待った」だろうか。

場面はこのときと若干異なるが、私がヤクルトのベンチで指揮をとっていた時代のことだ。ヤクルト3点リードの9回裏、中日の攻撃という場面だった。先頭打者、次打者ともに初球を打って凡退。たった2球でツーアウトだ。

そこでバッターボックスに入ったのが落合博満である。私は「まさか1球目は打たんだろう」と高をくって見ていたら、なんと初球をセンター前に弾き返したのである。

二死から１本ホームランが出たところで流れには何の影響もない。相手チームとしては塁を埋められるのが最もいやなのである。そこでシングルヒットを放つところが落合なのだと、妙な納得をするしかなかった。

そんな男もやがて監督になって、日本一にまで昇りつめたのである。

# 第6章

# 生き方へのこだわり

## 〝主役〟ばかりではロクな脚本は書けない

「野村さんは巨人の監督をやってみたいとは思わないのですか?」といまも昔もよく訊ねられることがあるが、私は一度たりともそんなことを考えたことはない。実際に私が巨人のユニフォームを着てベンチで采配を振るう姿を具体的にイメージしたこともない。

常勝軍団というフレーズはいまや昔、「球界の盟主」という異名も、もはや古色蒼《そう》然《ぜん》たる印象を与えるまでになった。

しかし、1990年代以降、ドラフト制度の改定やFA制度の導入で、なりふり構わぬ補強を行ない、失われた栄光を取り戻そうと大艦巨砲主義の権化になってからというもの、私のなかではそんな架空話は封印してしまった。

「勝負は強いか弱いかで決まるものではない」という、私の主義に真っ向から立ちはだかる存在が巨人である。

四番打者ばかり集めてどうしてチームを成立させられるのかと、ヤクルト時代から私は不思議な気持ちでその様子を傍観していた。

彼らにとって「強いチーム」とは打撃優先の選手を集めたチームだと思っていたか

ら、そのような補強になったのかもしれない。もし、90年代の乱獲時代に、巨人に他球団のエース投手ばかりを集められていたら、とうてい敵わなかったと思う。野球の本質をはき違えた巨人の方針に、当時の私たちは救われたとも言える。

ようやくその過ちに気づいたか、最近では投手力の整備にも力を入れるようになってはいるが、まだ〝ON〟が現役だったV9の頃が忘れられず、「打ち勝ちたい」という願望がどこかに残っているように思える。

このような球団にもし私が迎えられたとしても、私の特長を充分に生かした仕事はできないだろう。少なくとも野球に関する指導は不要と思われるし、育成に関しても手をつけずに済みそうだ。なにしろ、欲しい戦力は金を惜しみなく使い、自由自在に獲得できるのだから……。

そうなれば、残るは人間教育しかない。

芝居にしても〝主役〟ばかりではロクな脚本は書けない。彼らをサポートする脇役《わきやく》がいてこそ、まともな話が成立するのである。

プロ野球チームも同じことだ。おそらく私にとっては、彼らの特性をつかみ、チーム内のバランスを見計らいながら、それぞれに野球選手としての心得を説いて人間的成長を促すことが使命となるに違いない。

あまり現実味のない話を続けていても無駄になるのでこの辺でやめておくが、それでもやはり、巨人というチームが私の野球人生のなかで特別な位置にあることは間違いない。

## もし巨人に入団していたら……

京都の片田舎で過ごした高校時代は、テレビなどあるわけもなく、ラジオから聞こえてくる巨人戦の放送に耳をそばだてていた。肝心なところで雑音が入り、ゲームの展開が途切れてしまうこともしばしばである。私の野球に関する想像力は、おそらくここで鍛えられたのだろう。情報の少ない環境というのは、かえって人の感性を研ぎ澄まし、情報に対して貪欲《どんよく》にさせるものである。

プロを目指してテスト入団に挑戦するときも、本当は巨人に入りたかった。巨人こそがプロ野球の象徴であり、目指す場所だと信じていたからだ。

しかし、現実はそう甘くはない。巨人には、すでに甲子園で大活躍した藤尾茂というキャッチャーが1年先に入団しており、すでに一軍でバリバリ活躍していたのだ。俊足、強肩、強打の有望株であり、とうてい私など足もとにも及ばないエリート選手。実力もはるかに上回っているし、もし巨人に入団しても競争には勝てないと踏んで回避したのである。それにいまも言えることだが、歴史的にみても巨人は二軍選手育成が下手で、二軍育ちの選手が活躍した覚えがない。

内野なら4つ、外野なら3つのポジションがあるが、キャッチャーは9人のメンバーのなかで一人だけだ。出場機会の可能性が低いチームに行くよりは、可能性の高いチームを選んだほうが賢明だと思ったのである。

結果的に南海のテストを受け、拾われたことが私の人生をつくり出したことは言うまでもないが、ここで巨人の門を叩《たた》き、万が一、その一員となっていたら、おそらく、現在の自分はなかっただろう。そして、私の人生はまったくの別ものになっていただろう。

## パ・リーグの不人気を決定的にした事件

プロ入り間もない50年代の半ばから終盤にかけては、セ・リーグとパ・リーグに後年ほどの人気格差はなかった。

西鉄と南海がライバルとしてしのぎを削っており、おまけに56年から3年連続で西鉄が、翌59年は南海がいずれも巨人を倒して日本一になったこともあり、特に西日本では互いが絶大な人気を誇っていた。もちろん、西鉄・南海戦はパ・リーグのドル箱カードであった。巨人という「関西にとっての敵」を打ち破ったということが、人気の源になっていた。東京に対する対抗心は、当時、それほど激しかったのである。

おそらく当時、セ・リーグ側には「このままでは実力はもちろん、人気の面でもパ・リーグにさらわれてしまう」という危機感があったのだろう。実際、スター選手の数、野球のレベル、いずれにおいてもパのほうが上回っていたからだ。

ところが、メディアの力とは恐ろしいものだ。テレビ放送が普及し始めると、もともと人気抜群だった巨人と、その対立軸としての阪神というライバルの図式がセ・リーグの看板カードとなっていく。60年代の半ば頃、つまり巨人のＶ９が始まろうとしていた時代である。阪神が力をつけてきたこともあって、観客の足も大阪球場ではなく甲子園にばかり向くようになっていった。

私が打撃タイトルをいくら積み重ねようが、３００号、４００号と節目のホームランを打とうが、新聞の1面を飾ることは一切ない。65年に戦後初の三冠王を獲得したときでさえ、その記事は2面か3面に掲載されるのみであった。もちろん、東京では巨人、大阪では阪神が話題の中心であり、パ・リーグはプロ野球界における完全な脇役の座に追いやられていた。

強かった西鉄の凋落《ちょうらく》もパ・リーグの人気低落に拍車をかけた。年俸高騰のあおりを受けて、有力選手が次々にセ・リーグへ移籍していく。豊田泰光は国鉄スワローズへ、そして田中久寿男、高倉照幸は巨人へと去っていった。

そして、パ・リーグに痛烈な打撃を与えたのが、69年に勃発《ぼっぱつ》した「黒い霧事件」である。プロ野球界全体を震撼《しんかん》させたこの八百長事件については、セ・リーグの球団にも波及してはいたものの、特に西鉄が受けた被害が甚大であった。永易将之を発端に、池永正明、与田順欣、益田昭雄の4投手が永久追放。それは西鉄ライオンズの崩壊を意味し、同時にパ・リーグの不人気を決定的にしてしまった。

このニュースを知ったとき、私は暗澹《あんたん》たる気持ちになった。

ちょうど九州へ遠征に出かけているときだ。しかし、もはや野球をやるような気分ではなかったことを覚えている。

思えば、「これは臭いな」と感じるプレーはいくらでもあった。

とんでもないボールを放ってフォアボールを与える、ゴロを取った内野手がありえない方向へ送球する……なかにはスタンド目がけて投げているのではないかと疑いたくなるプレーもあった。

鶴岡監督は、「おまえら、内野ゴロでも諦めず全力疾走しろ。あいつら送球音痴だからな」と指示を出していた。後から考えれば、我々は悪い冗談に付き合っていたようなものである。

ダーティなイメージを植えつけられたプロ野球にあって、クリーンな巨人の人気はますます高まるばかりであった。

## 「真っ直ぐを打たせてやるよ」

西鉄が身売りをして、いよいよパ・リーグがまずい状況になっていた頃、私は南海ホークスの本拠地移転を真剣に申し立てたことがあった。

大阪近辺に3球団が集中していては、そもそも減少気味のパ・リーグファンが分散してしまい、観客動員という点から見てもかなり厳しい。ならば、和歌山や徳島か、別の土地に移ったほうが将来性はあるのではないかと考えたからだ。

新聞を開けば連日、阪神の記事ばかりである。和歌山在住の野球ファンだって、南海電車に乗って難波に着いても大阪球場ではなく、その足で甲子園に向かっているではないか。「駅の改札で〝野球観戦はこちら〟とでも看板掲げたらどうですか」と、半ばヤケクソで進言したこともあった。

ただ、ひとたびユニフォームを着てグラウンドに立てば、私はパ・リーグの誇りにかけて戦ってきたつもりである。

人気のセ・リーグといっても、それはひとえに巨人のおかげである。それだけでパ・リーグが軽んじられることを私たちがよしとするわけはない。オールスター戦には、絶対にセ・リーグを倒してやろうという気概を常に抱いて臨んでいた。そのときには一致団結、パの連中は心を一つに戦ったのである。

69年、田淵幸一が阪神へ入ったデビューイヤーの球宴では、試合中に張本勲からこんなことを言われた。

「ノムさん、絶対に田淵には打たせないでよ。あいつが活躍したら、たとえパ・リーグが勝っても1面を持っていかれてしまうからね」

よし、まかせておけ。絶対に抑えてやると決意して試合に臨んだ。ここはお得意の「囁《ささや》き戦術」を使ってやろう。バッターボックスに入った〝大型新人〟に向かって、私はこう話しかけた。

「よう、田淵。おまえ新人だから、真っ直《ます》ぐで打たせてやるよ」

ああいう素直なタイプにはひねりを利かせる必要はまったくない。結局、まんまとカーブで三振に打ち取ったのである。

後日、田淵は苦笑しながら私に、「あのとき初めて、プロの厳しさを知りましたよ」と告白した。私に言わせれば、パ・リーグの厳しさである。セ・リーグと戦うときにはいつだって真剣勝負だったのである。

## ダリル・スペンサーの功績

60年代以降、いつしか「人気のセ、実力のパ」と言われるようになり、人気に劣る私たちの野球は新聞の片隅に閉じ込められるようになった。

しかし、いまでもはっきりと言えるが、プロ野球のレベルを根底から支え、向上させてきたのはパ・リーグであった。

稲尾を擁する西鉄はもとより、米田哲也、梶本隆夫、足立光宏らが素晴らしい投手陣を形成していた阪急も実に手強《てごわ》く、互いが切磋琢磨《せっさたくま》しながら技術を磨いていた。客観的に見ても、セ・リーグより選手の質量ははるかに上回っていた。

「一流が一流を育てる」の言葉どおり、巨人におんぶにだっこのセ・リーグとは異なる、ギラギラした勝負がそこにはあった。

さらに言えば、先に述べたブレイザーのように、プロ野球に画期的な変革をもたらすような「頭脳」がやってきたことも、パ・リーグの野球を進化させた要因である。もう一人、私には忘れられない外国人選手がいる。64年、阪急に入団してきたダリル・スペンサーである。

ジャイアンツやカーディナルスなどを渡り歩き、大リーグ通算1000試合以上に出場し、105本塁打をマークした強打の内野手。彼はブレイザーとともに、私に「考えるヒント」を与えてくれた恩人とも言える存在である。

彼は試合中、ポケットから小さな手帳を取り出して、相手ピッチャーをチェックして書き記していた。

「いったい何を書いているんだろう」と、私は気になってしかたがなかったのだが、阪急の連中に確認すると、それは「癖を見つけて記録しているのだ」という。テッド・ウィリアムズの本に書かれていたことと同じではないか。大リーガーというのは、みなこうして情報を収集しているのかと改めて感心させられた。

スペンサーの影響もあって、阪急のバッター連中はこぞって「癖探し」を必死で行なうようになった。私はすでに感じていたことだが、そういう時代がいよいよ始まったのだなという気がしたものである。

また、走塁に関して言うなら、併殺を阻止するための二塁への激しいスライディングを日本で初めて披露したのもスペンサーだった。

上田利治（元阪急監督）に聞いたところによると、「私が出塁したとき、もし一死だったら代走を出さないでほしい」とスペンサーは申し出ていたそうだ。「内野にゴロが転がったら、野手を吹っ飛ばしてやるから」と言うのだ。

来日したとき、すでに35歳。たとえベテランであっても、日本の野球に適応するべく研究を重ねる謙虚な姿勢とともに、大リーグ仕込みのガッツをパ・リーグに注入してくれたのがこのスペンサーである。野球の細部に宿る「小事、細事」を見逃さず、それを「勝つためのプレー」に結びつける。それができて初めて一流のプロになれるということを、私は彼から教えられた。

彼ら2人の外国人に触発された私は、ぜひ本場・米国の野球を体験しておきたいと考え、ブレイザーに頼みこんで、オフに教育リーグの見学に連れていってもらったりもした。現役のときに見ておかなければ意味がないと思ったからだ。

この経験は、2度のワールドシリーズ観戦とともに、私に強烈な印象を与えた。そこで吸収した情報は、その後のパ・リーグに少なからず影響を与えたものと自負している。

## 何になりたくてプロ野球界に入るのか

巨人の人気が増幅するのと反比例するように、パ・リーグはアマチュア球界の選手たちからもソッポを向かれるようになっていった。ドラフト会議の前になると、「巨人以外へは行きたくありません」と公言する者が続出した。もしそうではなくても、「在京セ・リーグ希望」というのが合言葉みたいになり、間違っても「在阪パ・リーグ」に入りたいという見上げた根性の持ち主は一人もいなかった。

その後、ドラフト制度は巨人の都合によって、逆指名、自由獲得枠、希望入団枠などとさまざまに変形しながら推移してきたが、07年に一部球団の不正裏金問題が発覚したおかげでまた元のシステムに戻されたのである。

いずれにせよ、「この球団にしか行きたくない」などと偉そうなことを言うアマ選手を見ると、私は虫唾《むしず》が走るのである。そういう人間には、「おまえはいったい、何になりたくてプロ野球界へ入ろうとしているのか」と言いたくなる。

私自身、「どこへ行けば一日でも早くレギュラーになれるか」という基準でチームを選んだ。プロになる以上、これに勝る理由がどこにあろうか。

ファンの気分が抜けないのか、それともブランド意識というやつか。まさか私と同じ理由で「指名」している者はいないだろう。

昨年のドラフト会議でも、ロッテに指名されながら、巨人を希望して入団を拒否した選手がいた。楽天のスカウト連中から聞いたところによると、「まあまあいいですよ」というレベルらしい。いまから宣言しておくが、そういうことをして大成した選手はほとんどいない。実際にこの目で見たことがないので断言できない部分はあるが、彼もきっとそのクチであろう。もしかすると、相当なうぬぼれ屋なのかもしれないが、うぬぼれるならプロに入って実績を残してからにしてもらいたい。まずは謙虚であること。そして、真摯《しんし》に野球と向き合うことである。

この際だから、次のドラフトでももう一度、巨人以外の球団が1位に指名してやればよいと、私は思っている。そして、プロ野球選手になる本当の意味、現実を知らしめてやるべきだろう。そのほうが、その選手自身のためにもなる。

## 藤山寛美の言葉

プロ野球は実力で覇を競う勝負の世界であると同時に、観る者を惹《ひ》きつける人気商売でもある。巨人ばかりをあげつらう風潮に、私は長年、実力をもって対抗してきたつもりだが、だからと言って「人気などどうでもよい」と考えているわけではない。注目を浴びたいと思う貪欲さもまた必要であり、プロ野球選手にとって「華がある」ことは一つの才能でもある。

私は現役時代よりも監督になってからのほうがメディアに取り上げられることが多くなったが、それもまた時代が出会った風潮とも言えよう。

かつて、関西で一世を風靡《ふうび》した役者の藤山寛美さんと対談させていただいたことがある。私は風貌《ふうぼう》が似ていることから、現役時代によく「おい、アホの寛美！」などとよく野次られていたせいもあって、あの方には親近感を抱いていたのだが、彼が人気絶頂の頃にお話をする機会を与えられたのであった。

そのとき、藤山さんから語りかけられた言葉をいまでも思い出す。

「野村さん、人気ってどう書きますか。人の気と書くでしょう。あれが自分の気なら簡単ですが、人の気を動かすということは大変なことなんですよ」

人気とは無縁の星の下に生まれたと思っていた私にとって、この言葉は痛烈に心に響いた。あの絶大なる人気者にして、その地位を維持することがいかに大変なことであるかを感じていたと知ったからだ。

## なぜ、もっと貪欲になれないのか

ドラフト制度が導入されたのは65年のことだった。それまでは新人の獲得は自由競争であり、有望選手が現われるたびに各球団が激しい争奪戦を繰り広げていた。長嶋茂雄や杉浦忠、それに王貞治らもその渦中《かちゅう》に巻き込まれた末のプロ入りだったのである。

当然のことながら、「獲るか獲られるか」は契約金の額による。56年に中央大学から南海へやってきた穴吹義雄の場合などは、その騒動の顚末《てんまつ》が『あなた買います』という小説となり、映画化までされた。

長嶋や杉浦のときもそうだったが、南海は元来〝ケチ球団〟だったわりに、新人獲得の際には大盤振る舞いをする傾向があった。もちろん「関西の雄」としての意地もあったのだろうが、「活躍するかどうかわからん新入りに、よくもそんな大金を払うものだ」と、私などは呆《あき》れて見ていた。

「自由獲得時代」の最後の年、つまり64年に南海が獲得したのが、慶応大学の渡辺泰輔投手だった。このときも、巨人とのつばぜり合いとなり、契約金は８０００万円にまで跳ね上がったと聞く。当時にしてみたら天文学的な数字だ。もらった本人もビックリで、山を一つ購入し、高級住宅街に３００坪の土地を買ってもまだ余ったので、親孝行にと残りは全部両親に差し出したらしい。

こんなバカらしい「マネーゲーム」を続けていたら、球団経営がおぼつかなくなるのは目に見えている。ドラフト制度の導入は、経営の健全化と戦力の均等化という面で必然的だったと言えるだろう。

現在ではドラフト外入団が全面的に禁止されているため、プロへの門戸はドラフト会議で指名されないかぎり開かれることはない。下位指名のなかにはテスト合格者が含まれていることもあるが、そのほとんどは、スカウトたちが全国を走り回ってかき集めてきた「逸材」とされる選手たちである。

私は長い間ユニフォームを着てきたので、その分ドラフト会議にも数多く出席しているが、このところ、即戦力として使える選手がアマ球界には少なくなってきたように思えてならない。

弱いチームばかりを預かってきたせいか、私がドラフト会議に向けてスカウトたちに出す要望は、いまも昔も決まっていて「即戦力のピッチャー」である。しかし、これがなかなか見つかるものではない。本当ならば「左の」と言いたいところだが、そこまで限定するともはや日本中探しても発見は相当難しくなる。だから、そんなスカウトをいじめるような注文はつけられない。

最近では、野球以外のスポーツも非常に盛んになってきたせいで、運動能力に長《た》けた子供たちがそれぞれに分散するようになった。野球だけが「スポーツ万能な子」を独り占めできる時代ではなくなったのである。近頃プロ野球に入ってくる選手のレベルを見ていると、その現実を痛感させられる。

ドラフト上位でプロ入りする選手は、高校、大学や社会人の間では頭一つ抜けた存在である。しかし、そもそもレベルが下がっているうえに競争を経験していないので、精神的に非常にもろい印象を受ける。なかには、プロに入れたことで達成感を味わい、契約金をもらって喜び、伸び悩んでいても危機感はなく、こんなものかと納得して消えていく者もいる。

このように「限定、満足、妥協」という、プロにとっての三大禁句を体現するのは、えてしてチヤホヤされながら上位で入団してきた選手たちだ。

私は、自分の才能や可能性にあっさり見切りをつけてしまう者を見ると、無性に寂しくなってくるのだ。なぜ、もっと貪欲になれないのか。

「グラウンドにはゼニが落ちている」とは、かつての鶴岡監督の名言である。そのゼニを取れるか取れないかは本人次第だ。私は取りたくてしかたがなかった。そして、その気持ちを公言することを憚《はばか》ることもなかった。プロ野球界とは、そういう者だけが生き残れる過酷な場所だったのだ。

いまの選手たちに「おまえはもう諦めているのか」と問い質《ただ》すと、「そんなことはないです」と必ず返してくる。しかし、それが行動には現われていない。

うまくなるのも下手になるのも本人の自由である。アマチュアと違って、代わりはいくらでもいる。プロの世界で生き抜くためには、それぐらいは教えられなくても自覚せよと言いたくなるのだ。

## 「人を見て法を説け」

私は非情に徹しきれないところがある。言い換えれば「厳しさ」が足りない。4回3分の2まで投げたピッチャーをマウンドから降ろせない。記録や成績のかかった選手にはどうしても甘くなるのもそのためだ。

それは選手への接し方にも現われてしまう。「愛のムチ」ではないが、鉄拳《てっけん》制裁でも加えてビシビシと叩き上げる方法もあっただろう。しかし、それは私の主義ではなかった。

現在、楽天のコーチを務める橋上秀樹や池山隆寛に言わせると、ヤクルト時代の私は怖くて近寄れなかったらしい。実際、厳しい姿勢で選手たちに接する機会はいまよりは多かっただろうが、基本的には「情」をもって指導することを旨としてきた。

まだ南海に入団して間もない頃、例によって鶴岡監督がときにダミ声で怒声を発しながら、選手たちに説教していたときのことだ。

隣にいた当時のエース左腕、柚木進さんがぼそぼそと呟《つぶや》いていた。

「30を超えた男が説教されるなんて、どうかしているな。いい歳こいてみっともない」

その言葉がずっと私の頭のなかで引っかかっていた。叱《しか》り飛ばしたり、怒鳴り散らすほうもそれなりにエネルギーは消耗するが、それが指導方法としてプラスに働くかどうか大いに疑問である。選手によっては「いい加減にしてくれ」と感じる者もいるだろうし、落ち込んでマイナス志向になってしまう者もいるだろう。それが体罰ともなれば、怯《おび》えて野球どころではなくなる選手が出てくるかもしれない。

「人を見て法を説け」と、お釈迦《しゃか》様も教えている。そのとおりだとつくづく思う。能力や性格は人によって異なるのだから、その人間の本質をよく見極めてから指導にあたれということだ。逆に、それぐらいのことができなければ、組織の上に立つ資格はない。

監督にもいろいろなタイプがいる。指導者としてのポリシーや理想の監督像も十人十色であろう。ただ共通するのは、ワンパターンのことしか言えず、選手の本質を察知できない人間はリーダーにはふさわしくないということだ。

## 「気の弱い選手とはバイバイしなさい」

そうは言ってみたものの、やはりどうにも力を上手に引き出せないタイプがなかにはいる。その最たるものが「気の弱い選手」である。

バッターのいないブルペンでは素晴らしいピッチングを見せつけるのに、いざ実戦のマウンドに立つとまったく力を発揮できないタイプ。典型的なのが、この開幕前に我が楽天から新天地ヤクルトへ旅立った一場靖弘である。

素材としては文句なしに一流である。しかし、彼はピッチャーとしての第一条件である〝闘争心〟がまったく表に出ない。それどころか、投げる前から「打たれるんじゃないだろうか」というマイナス志向にとらわれ、結局は自滅というかたちで崩れていく。私もさんざん期待を裏切られながら使い続けたが、何度やっても直らない。これはもう環境を変えてやるしかないと判断し、このたびのトレードと相成ったのである。

まるで私が責任を放棄してしまったかのようだが、チームが変われば指導者も変わる。それがキッカケになればという親心からの配慮である。

こういうケースは、過去にもあった。

思い出すのは90年代にヤクルトでリリーフとして活躍した左腕ピッチャー、山本樹である。

彼もまた一場同様、ブルペンでは目の覚めるようなボールを放るのに、いざ試合となると四球を連発し、こわごわ投げたボールを痛打されることの繰り返しだった。いわゆる「あがり性」というやつだ。

どうアドバイスしても改善されないことにイライラが頂点に達した私は、ついにある日、思い切ってこう言い放ったのである。

「山本、今日もまたダメだったらクビかトレードだぞ」

気の弱いタイプには、これは最終手段とも思えるショック療法である。どうせ緊張するなら、いっそのこと過激な申し渡しをして、ショック療法で開き直りにかけるしかない。

その日マウンドに上がった山本は、見事に大役を果たし、チームに勝利を呼び込んだ。以来、貴重な働きを続けて優勝にも貢献してくれたのである。

戦後間もなくの49年、3Aのサンフランシスコ・シールズが来日したときのことだ。チームを率いるのは名将、フランク（レフティ）・オドール監督。戦前から日米プロ野球の交流に尽力し、大リーグ関係者としては史上初めて、日本の殿堂入りを果たした人物である。

さて、試合の合間に日米の交流会があり、その席で日本側から「気の弱い選手はどうやって育成すればよいのか」という質問が出た。

すると彼はたったひと言、「バイバイしなさい」と答えたというのだ。

無理をして直そうとしても、性格だけはどうにもならない。そういう人間は早くプロ野球を辞めて、違う人生を歩んだほうがいいというのだ。なんとも米国人らしい、ドライな考え方である。

日本人は、「人を見て法を説け」の精神に則り、たとえ小心な性格の選手がいたとしても、そこをなんとかしてモノにしようと努力をする。野球における人間学に対する見識は、日本人のほうが上回っているのではないだろうか。

## 野村再生工場

私の代名詞として有名なフレーズに「野村再生工場」というのがある。このような称号を与えられたのも、選手の本質を察知し、的確なアドバイスができて成功した選手が何人もいたからである。

ただし、それは私一人の作業ではなかった。チームの環境や肉体的な条件などが原因でうまく力を発揮できていなかった選手を、私は何人も生き返らせてきた。しかし、それは私の指導や示唆を本人が受け入れてくれたからこそ実現できたのである。聞く耳を持たぬ者に千言万語を尽くそうとも、成果が現われるはずはない。

南海時代の山内や松原をはじめ、あの江本や江夏にしてもそうである。彼らはみな、真摯に私の言葉に耳を傾け、最終的には自分の力で「再生」していったのだ。

97年、ヤクルトの一員となった小早川毅彦もまた、その一人である。

前年オフ、若手の台頭もあって広島カープを自由契約になった小早川だったが、私はその潜在能力はまだまだ使えると感じていた。しかし、会って話をしてみると、彼が天性だけでバッティングをしていることがわかった。

「おまえ、配球を読んだりしたことはないのか」

「ありません」

つまり、来たボールを弾き返すだけの典型的な「頭を使わないタイプ」だったのである。しかも、「もっと考えてバッティングをしろ」と指示を出すと、「いったい何をどう考えればいいいんですか」ときた。これはいかん。初歩から教えてやらねば本当にダメになってしまう。

私はまず、「己を知れ」と言い渡した。

バッターにとって最大の課題は「変化球への対応」である。もし、ピッチャーが投げ込んでくる変化球を自分の技術だけで、いかなるカウントでも打ち返すことができるのなら何も考える必要はない。来たボールをただ集中して打っていれば、簡単にヒットを量産することもできるはずだ。

果たして自分にそれだけの能力があるのかどうか。

「よく判断してから打席に立て」と、私は選手たちに言い渡している。長嶋のように「来た、反応した、打った」ができる天才か、落合やイチローのように卓越したバットコントロールと対応力があるのなら別だが、ほとんどの選手は変化球に対して実にもろい。来るボールをただ待っているだけでは一流のピッチャーを打ち崩すことなど不可能である。

97年の開幕戦。相手は巨人のエース、斎藤雅樹である。それまで3年連続で開幕戦を完封で飾っている強敵だ。普通に対処していたのでは勝ち目はないと私は読んでいた。彼を打ち崩すには、入念な準備と対策を練らねばならない。

そこで私は、小早川に斎藤の配球傾向をつぶさに伝授して、カウントによって変化球を狙《ねら》い打ちせよと命じたのだ。

「エサまきのボールには絶対に手を出すな。斎藤は必ずアウトコースからのカーブを放ってくる。それを待って打ち返せ」

小早川は私のアドバイスを忠実に実行し、続いて、「ワンスリーになったら、カウントを取りにくるのも外からの変化球だ。センター方向を意識してバットを振れ」

またまた打球は外野スタンドへ吸い込まれていく。結局、小早川は3打席連続のホームランをかっ飛ばし、ものの見事に斎藤を攻略したのであった。

ダイヤモンドを合計3周して還ってくると、彼はベンチで私と目が合うなり、「監督、ばっちりでした」と息を弾ませている。その嬉《うれ》しそうな表情はいまでも忘れられない。

その年、小早川は116試合に出場して、私のヤクルト時代の「最後の優勝」に大いに貢献してくれたのだった。

## 監督やコーチは「気づかせ屋」でなければならない

「野球がこんなに奥が深いものかということを、初めて知りました」

小早川はそう言って私に感謝の意を表した。しかし、実際にプレーをして結果を出すのは自分自身であり、手応えをつかむかどうかは本人の意識次第である。

結局のところ、小早川が覚醒《かくせい》できたのは、あの3発で得た「自信」によるものだ。ベテランと言われる域に達してもなお、「うまくなりたい」と念ずる心さえあれば成長は止まるところを知らない。年齢など関係ないのである。

人を育てるということは、突き詰めて言えば、「自信をつけさせる」ということでもある。自信こそが成長の最大の糧《かて》であり、それさえできれば、指導者としての使命はほぼ完遂したと言ってもいい。

では、自信をつけるためにはどうすればいいのか。

人には程度の差こそあれ感性が備わっている。

1997年、ヤクルトで4度目のセ・リーグ優勝を決め、選手に胴上げされる野村監督。

「感じる力」は誰にでもあるはずだ。物事の順序として、まず感じることができなければ「考えること」はできない。「己を知る」ということもその一つだが、自分がいまどのようなレベルにあり、だから成長するためには何が必要なのかを知ることから始めなければ、その第一歩を踏み出すことはできない。

そのためには「教える」という行為は最小限にとどめておくべきである。何も感じていない者に最初から技術論だけを詰め込もうとしても、それは徒労に終わる可能性が高い。

「笛吹けど踊らず」では、時間の無駄である。

私がコーチ陣に徹底させているのは、「よく選手を観察して、ヒントだけを与えろ」ということだ。それによって、「何かを感じること」を促せというわけである。

そして、向こうから教えを乞うようになったら、初めて集中的に技術的な指導を行なう。

「うまくなりたい」という欲が芽生えたとき、人は吸収力を最大に発揮するものだ。そうなったら、今度は「考えること」を選手たちは始めてくれる。

監督やコーチは「気づかせ屋」でなければならないと、私は常々主張している。うまくなるのも、強くなるのも最終的には本人次第。飯のタネは自分でものにしなければばならない。プロである以上、当然のことであろう。

## 四たび託された「低迷からの脱出」

2001年秋、私は阪神の監督を思わぬかたちで辞任することになった。そんな折に声をかけていただいたのが、シダックスの志太勤会長である。

志太さんは私に、社会人野球チームの監督をやってくれないかという。私の立場を理解して要請してくださったのである。これを無下に断ることはできないだろう。

「プロ野球の人間が監督を務めてもいいんですか」と、当初は心配したのだが、日本野球連盟の山本英一郎会長にも話を通してあるとのことで、引き受けることにした。

しかし、聞くところによると、90年代半ばまではキューバ人選手の力も借りて都市対抗にも出場し、日本選手権で優勝した経験もあるが、ここ数年は低迷して東京都の代表にもなれないでいるらしい。6チームのうち2チームに出場権が与えられるのだが、すっかりご無沙汰《ぶさた》しているというのだ。

私は内心、「またか」と呟いた。どうしてここまで〝弱いチーム〟にしか縁がないのだろう。南海、ヤクルト、阪神に続いて、今度はアマチュア野球でも「低迷からの脱出」を託されることになったのだ。つくづく私は弱者につきまとわれている、そういう因果を背負って生きていくしかないのかと、苦笑するしかなかった。

　シダックスという会社は、志太会長の人間教育が行き届いている組織である。

　社員全員が、「シダックスの看板を背負って歩いていることを忘れるな」という社訓を胸に働いている。会社の信用というものは、社員それぞれの自覚がなくては得られない。そんな哲学が隅々まで行き渡っているように感じた。

　社員に聞いてみると、「会長とはおいそれと会話できません」と言う。大声で叱責《しっせき》されることも日常茶飯事らしい。この方は私に欠けている「厳しさ」を持った指導者なのだということもよくわかった。

　一方で、会長は信頼関係を重んじる人物でもあった。野球部の運営については一切を私に任せてくれた。

　非常に指導しやすい、働きやすい環境をつくっていただいたのである。

　さて、アマチュア野球のチームを預かって改めて実感したのは、欲得を抱かない組織はいかにまとめやすいかということだ。

　当然、全員が社会人だけに給料は一律である。

　四番もエースも控えもない。すべての選手が同等の扱いを会社からは受けている。

かと言って、そこに妬《ねた》みやひがみもない。その団結力はどのプロ野球チームでも敵《かな》わないと思った。

目的は一つ、勝利である。

負けたら終わりのトーナメントを戦っているだけに、その一点に集中する気持ちもプロにはないものである。

プロは結局、「個人事業主」の集まりだけに、個人と組織の関係が微妙になってくる。

「ゼニの取れる選手になれ」とハッパをかけながら、チーム優先の精神を植えつけなければならない。個人の成績を上げれば、チームの勝利にも貢献できるとする考え方もあるだろう。しかし、個人主義を許していたのでは、監督という仕事は務まらない。チームが勝つこと、そして優勝することを第一の目的に置いていない選手は、団体競技である野球に参加する資格はない。その原理原則を覆すような選手を私は認めない。発想を逆転させ、組織あっての個人であること、その考えのもとにプレーすれば自《おの》ずと金も稼げるようになるということを教えることも、指導者にとっての必須《ひっす》項目なのだ。

金は追うものではなく、ついてくるものなのだ。

## アマチュア野球に見た選手たちの熱さ

アマチュア野球には個人成績は無用である。打率3割や二桁《けた》勝利などを気にする必要はまったくない。ただひたむきに、試合に勝つことだけに専念する選手たちを使えるということは、監督にとってこの上なくやりやすい状況である。

ただ、それだけに「プロの指導者」である私に対する視線は、いままでに経験したことのない熱さを感じた。たしかに、彼らにしてみたらプロの監督を迎えるのは初めてのこと。それまで社会人の監督で勝てなかったチームを、どうやって導いてくれるのか興味津々である。

「見られている」ことを、このときほど感じたことはない。

ミーティングでは、メンバー全員の目がギラギラしている。ひと言も聞き逃すまいとする前向きな姿勢がひしひしと伝わってくる。

「プロってどんな野球をするのだろう」

「どういう考え方で戦っていけばいいのだろう」

言葉にはならない貪欲さがその場には充満していた。

謙虚であることがいかに大切か、ということも彼らを通して再確認できた。

憧《あこが》れてはいたものの、プロにはなれなかった選手たちだ。その分、野球に関する話を虚心坦懐《きょしんたんかい》に受け入れることができる。ヘタにプロになったおかげで達成感に浸り、力を出し切れない半人前の選手とは違い、うぬぼれも変な自己愛もない。まして、「限定、満足、妥協」もしていない。

その「己を知る」純粋な野球への取り組みは、感動的ですらあった。

**「俺はヘボ監督だな」**

幸い選手たちの奮闘にも助けられ、私は監督就任1年目にして東京都の予選を突破して、シダックス野球部を「都市対抗」へ連れていくことができた。しかも、あれよという間に勝ちあがり、とうとう決勝戦にまでこぎつけてしまったのである。

泣いても笑っても最後の試合。先発は野間口貴彦（現・巨人）に決めていた。連戦の疲れがたまってはいたものの、ここはエースにすべてを託すしかない。そう腹をくってマウンドへ送ったのである。

野間口のような本格派に対して、きっと相手はストレートに的を絞ってくるに違いない。ここは変化球主体のピッチングで料理をしていくべきだ。その思惑どおり、6

回までは相手の三菱ふそう川崎打線を抑え込むことに成功。3対0というスコアでいよいよ終盤の7回を迎えることになった。

ここでふと、私の脳裏につまらぬ懸念がよぎった。

プロからやってきた監督が、1年目でいきなり優勝では、社会人野球のメンツは丸つぶれだ。それは面白くなかろう。

ネット裏で観戦しているお歴々も、「シダックスよ、負けろ」と念を送っているのではないだろうか。いや、きっとそうに違いない。

余計なことに頭を回すと、ろくなことにはならない。この回、三菱ふそう川崎の先頭バッターが、野間口の2球目のスライダーをセンター前へ弾き返した時点で、いやな予感はしていた。

「これは、狙いを変化球に変えてきたな」

続くバッターにも初球のスライダーを打たれて無死一、二塁。いよいよもって、相手の作戦は明白になってきた。ところが、私はなぜか「配球を変えろ」という指示を怠ってしまったのである。

心に隙《すき》があるとは、こういうときのことを言うのだろう。自軍のキャッチャーに対して過大な信頼を寄せていたのだ。「それぐらいは気づくだろう」「任せてやろう」という、温情とも言える期待である。

そういう甘さを〝勝利の女神〟は認めてはくれない。

これがプロのキャッチャーであれば、相手がどういう意図で攻めているのかを感じ取り、即座に配球をストレート主体に切り替え、変化球で誘っておいて打ち取る方法を取ったはずだ。もし、それができないようならプロ失格である。

しかし、これは社会人野球の試合だ。キャッチャーにかけた私の期待はすっかり仇《あだ》となり、結局この回だけで5点を失い、逆転負けを喫してしまったのである。

ここは厳しく、指示を徹底させておかねばならなかった。後から思えば当然のことでも、そのときは「任せてやろう」という情が先に立ってしまったのだ。

こうして、「判断はできても、決断ができない」という私の欠点が、都市対抗初優勝の栄誉をチームから遠ざけてしまったのである。

つくづく、「俺はヘボ監督だな」と思い知らされた一件だ。

後日、連盟の山本会長にお会いした際、あのときによぎった懸念について確認してみた。

「会長、本当はシダックスが負けるのを祈ってたんじゃないですか」

「実はそうなんだ」

アマチュア野球界の念力にも、私はしてやられたのである。

## 少年野球の強いチームは、監督がしっかりしている

社会人野球の監督を務めたことで、私はチームづくりにおける「信頼関係」の重要性をつくづく思い知らされた。教えることの充実度は、教えられる側の姿勢によって大きく変わる。アマチュア選手の私心を捨てた野球への取り組みを、そのままプロに望むことはできない。しかし、彼らのような「野球への貪欲さ」がもう少しあれば、と思わせる選手がプロには大勢いる。

その意味において、組織を預かることの面白さを社会人野球以上に味わえるのが、実は少年野球である。私は評論家を生業《なりわい》としていた80年代に3年間だけ、いわゆるリトルシニアと呼ばれる中学生チームを率いたことがある。そのときの思い出は、まさに「至高の監督体験」と呼べるものだった。

監督の采配が試合を左右することは、どのレベルの試合においても起こりうることだ。ただし、シダックス時代もそうだったが、大人であれば自分自身の判断や裁量によって、局面ごとのプレーに結果が現われる。自己責任の部分が大きくなるのだ。プ

ロであれば、それはなおさらである。

　これが少年野球の場合、監督が指導したとおり、教えたままのプレーがそのまま実戦に現われる。極端な話をすれば、私が普段何を考えているのか、どのように選手と接しているのかが、グラウンド上の少年たちを通して白日の下に晒《さら》されてしまうのだ。

　選手たちは監督である私に対して絶大な信頼を寄せてくれる。もちろん、反抗する者など一人もいない。

「この人についていけば間違いない」という気持ちが、私の心にもいやというほど伝わってくるのだ。

　したがって、指示されたことには疑いなく従う。忠実に私の言うことを実践する。これほどまでに100%服従されれば、指導するほうにも気合いが入るが間違いも許されない。

　私がプロ野球経験者だから特別だったのではないかとお考えかもしれないが、そうではない。相手の監督を見れば、どこも同じであることがわかる。少年野球の強いチームは、監督がしっかりしているのだ。

　さらに興味深いのは、強豪であればあるほど、チーム編成に優れているということだ。こまめに下のレベルの試合を見て回り、ピッチャーを中心に、いい選手をピックアップしてくる。

優勝を狙うためにはまず編成から。これに関してはプロも少年野球も変わりはない。

## 少年野球の監督には重大な責任がある

チームづくりから育成に至るまで、少年野球は自分の思いどおりにできる楽しさがある。裏を返せばそれだけ重大な責任を負うことでもあり、教育指導という意味では子供たちの将来に対してもその範囲が及ぶ。

その子らは進学した高校で、「野村のチームから来た選手」という目で見られる。そのときに、どういう指導や教育を受けてきたのかが問われるのだ。

「プロに教わったわりにはたいしたことがない」とか、「人間教育がなっていない」などと指導者に思われたら、私の責任問題であり、プロとしてのプライドにも傷がつく。だからこそ、礼儀や感謝の精神、親や先生、そして先輩を敬う心など、教えるべきことはきちんと言って聞かせ、身につけさせておかねばならない。

また、これは高校野球にも言えることだが、新陳代謝のサイクルが速いというのも指導の難しさ、つまり楽しさが増す要因である。毎年、新しいチームに生まれ変わるため、そのたびに一からつくり直さねばならない。これは監督業の醍醐味《だいごみ》の一つであり、指導者として力を蓄えるための貴重な環境であると言える。

年が改まると同時に、新しい人材がどっと増える。監督の号令一下、指導教育を一律に行なうことは簡単だ。しかし、個々の性格に合わせて教えることも必要であるし、入れ替わりが激しければその経験も豊かになっていくのである。

「組織はリーダーの力量以上に伸びない」という表現ではまだ足りない。

ここ少年野球においては、「組織はリーダーそのものである」と言い換えたほうがいいかもしれない。

ちなみに、私はこの少年野球でも負けるのが大嫌いだった。ふと気がつくと、プロチームの監督のときと同様か、それ以上にベンチで熱くなっていたものだ。

## コーチや二軍監督を経験する意味

振り返れば、私はコーチの経験もなければ二軍監督を務めたこともない。いきなり選手から「兼任監督」という異常な転進を余儀なくされ、しなくていい特殊な苦労をさせられた。もはや今後、私のような〝被害者〟は現われないことを祈っているし、経験談を同じ立場の者に伝えることもないだろう。

それよりも、本当は下のレベルから段階を踏んで監督業を学び、一軍でその経験を生かした采配を振るいたかった。

いまさら嘆いてもしかたないのだが、私が監督としていま一つ力足らずなのは、その辺に原因があるのかもしれない。順序は逆になったものの、少年野球、そして社会人野球の監督を経験してみて、おぼろげながらそう感じた。

プロの二軍と彼らを同レベルで語るのはいかがなものかとは思うが、おそらく下で修業を積んだ者にしかつくりえない組織力、下しえない判断力というものがあるのではないかと、後になって思い至った次第である。

米国では選手同様、指導者についてもまた、マイナー組織から段階を経て昇格していくシステムが確立している。それは正しいことなのだと思う。

下部組織に所属している選手たちは、「いつかメジャーに上がってひと花咲かせてやろう」と目論んでいる連中の集まりだ。

「自分だけ目立ちたい」「チームプレーよりも個人成績を優先させたい」と意気込む姿が目に浮かぶ。それをどうやってコントロールし、組織をまとめあげ、チームを勝利に導くのか。マイナーの指導者たちもまた、その手腕を克明にチェックされ、合格した者だけがメジャーに這《は》い上がってこられるのだろう。

選手と監督がともにチームプレーの重みを知っていなければ、組織はすぐに崩壊してしまう。呆れるほどの高年俸を得ているスーパースターも、マイナー時代に受けた教育を忘れてはいないということなのだ。

日本でも最近では、岡田彰布（阪神）や渡辺久信（西武）ら二軍監督を経験した監督が実績を残すようになり、その意義が認められてきたように思う。しかし、まだまだ球団によっては、監督というポストを「人気とり」の手段として見ているところもあるようだが、どうだろうか。

## 譲れない「人間教育」の大切さ

二軍監督を経て指揮官に就任した渡辺久信が、昨年、日本一に輝いた。

その結果そのものにケチをつけるつもりは毛頭ない。ファームで指導してきた経験が生きたのだと思うし、選手個々の能力を最大限に発揮させたのも、渡辺の手腕あってこそだったのかもしれない。

ただ、その指導方針については異論を差し挟まざるを得ない。

彼は選手を「褒めること」で伸ばすと語っているそうだ。「怒らないこと」が選手の成長を促し、それが優勝にまで結びついたと結論づけているようだが、それがこれからの日本の球界にとって正しい指導法であるかのように思われては困るのである。

第2章でも触れたとおり、たしかに昨今の風潮は、おだてたり、すかしたりして子供を育てる親が多いと聞く。逆に言うと、それは子供に反発されるのが怖くて叱ることができないだけではないのか。

叱られることに慣れていない子供がそのまま大人になり、社会の厳しい風にさらされたとき、どうなるか。ちょっとした苦難に出くわしただけですぐに挫折《ざせつ》し、落ち込んで引きこもってしまうだろう。もしくは、「褒めてくれる誰か」に出会うまで逃避を繰り返し、壁を乗り越えようともせず堕落した生活を送り続けるに違いない。

過保護な親というのは昔からいたけれど、それでも昔は学校に怖い先生がいて、厳しい教育を施していた。その存在を親も認め、うまくバランスを取っていたのである。ところが、いまや学校も家庭と同じような状況で、体罰はもとより精神的なプレッシャーを少しでも与えようものなら、その教師はすぐに犯罪者扱いされる始末である。

そういう環境で育ってしまった人間が社会に出ると、会社の上司から気に入らないことを言われただけで、すぐにパワーハラスメントだと主張したがるか、気の弱いタイプはノイローゼになって仕事どころではなくなる。

こういう精神構造の持ち主が大多数であり、渡辺が主張することが真実ならば、そのような「時代の流れ」がもはやプロ野球界にまで入り込んでいることになる。西武の選手たちは、みなそんなに過保護に育った、ヤワな連中なのだろうか。

渡辺は年齢的に若く、選手にとっても〝兄貴〟のような存在であり、気軽に話ができる相手なのだろう。監督と選手の間には垣根はなく自由に行き来できる。監督という立場を思い切り軽くすることで、仲間意識を盛り上げようというわけだ。威厳も貫禄もあったものではない。

最大の問題は、そこに「人間教育」のカケラも存在しないということだ。そもそも、そのような組織、指揮官にそれを望むのは酷かもしれない。兄弟のような関係に「教育」の2文字は邪魔なだけだ。

一方、その内容がいいか悪いかは別にして、打撃コーチだった大久保博元が、「アーリーワーク」と称し、早朝から選手を招集して打撃練習を繰り返したことは評価に値する。

人間は楽をして生きていたいものだ。自分がいちばん可愛いし、楽していたわってやりたいものだ。そこへ朝も早くに起こされて練習をさせられるというのは、選手たちにとっては辛《つら》かったはずだ。

実際の練習効果はともかく、「今度のコーチは難しいぞ」という意識を選手に持たせた時点で、大久保の作戦は成功だったと言えよう。そして、ある意味「救い」になったと私は感じている。

渡辺が選手を放任し、人間教育を放棄してしまったことは、選手のヘアスタイルや身だしなみを見れば一目瞭然《りょうぜん》である。

あの茶髪、長髪は本当に見苦しい。監督自身が若い頃に奔放なスタイルを売りにしていただけあって、このへんはまったく無頓着《むとんちゃく》極まりないようだ。

あの格好を公共の場に晒すということは、それだけで野球選手の地位を低下させる行為だと言わざるを得ない。ロッテの選手に対しても同様のことを述べたが、どうにも私には我慢ができないのである。

ヘアスタイルやファッションは個人の自由だから放っておいてくれ、という声も聞こえてくる。そして、そういう意見に同調する大人がいることも確かだ。

しかし、私たちはタレントでもなければアーチストでもない。スポーツマンなのだ。

そして、プロ野球はあくまでも国民の「公共財」であり、それを仕事とする選手は一般とは異なる特別な影響を世間に与えていると同時に少年たちへの影響も忘れてはならない。むさくるしい髪型や汚らしい格好をしていいわけがないのだ。

## 「野村さんしかいない」

オフの間、私はひっきりなしに取材を受け、テレビ出演の要請を受ける。また、講演の依頼も毎日のようにある。そのたびに、「私はBクラスのチームの監督ですよ。それでいいんですか」と、依頼主に問うのだ。ご指名がかかるのはありがたいのだが、なぜいつまでも私なのだろうか。

しつこく聞くと、相手はこう言うのだ。

「プロ野球界で誰かに出てもらうとなったら野村さんしかいないんですよ」と。または、「あなたしか相応《ふさわ》しい人がいない」のだと。

それを聞いて悪い気はしないのだが、翻って野球界のことを考えると心配になる。つまり、世間にまともな印象を与える、内容のある話ができる人材が少ないということだ。これは由々しき事態である。

時代が移り、人間の意識が変わったからといって、どんな考え方にも迎合できるわけではない。いや、こういう「怒られたこともないひ弱な人間」や「軽い人材」が量産される時代だからこそ、厳しさを受け入れる生き方を選んだほうが、将来のためになるはずだ。浮ついた風潮など気にすることはない。

実際、世の中の大多数の人は心のどこかで「このままではいけない」と感じているはずだ。私のような〝旧式〟の一監督が引っ張りだこになること自体がその証拠である。

## 「生身の人間」を扱うことの難しさ

私は処世術0点の男である。

それは私と接してきた人々がみな感じていることだと思う。群れず、媚《こ》びず、迎合せず。性格上、そういう生き方しかできなかったのだからしょうがない。しかし、プロ野球界には私とは正反対に、人間関係力のみで一定の地位までのし上がった人物が非常に多い。

阪神の久万元オーナーも以前、告白していた。

「お世辞だとわかっていても、持ち上げられるといい気分になるな」、と。

偉い立場の方々は、おべっかを使われると事の善し悪しが判断できなくなることがあるらしい。その心理を突いて出世するタイプの人間は、本人にしてみればしてやったりだろうが、周囲や部下たちにとっては迷惑千万である。実力不足、資質不足で、やがて組織は崩壊の危機に晒されることになるからだ。

とはいえ、いくつかの例を本書でも示したとおり、私も人と人とのつながりを無視して生きてきたわけではない。いかに孤立主義とはいえ、組織の一員であり続ける以上、社会性から逃れることはできない。

そして、このような性格にしてここまで生きてこられたのは、人との「出会い」に恵まれてきたからである。

私がこれまでお世話になってきた球団は、南海はもとより、ヤクルト、阪神、それにシダックスも含めて、みなそこのトップに立つ人たちは私よりも年上であり、正直言ってオーナーの方々にはよく支えていただいた。その点、私は運の強い男だったと天に感謝もしている。

ところが、人生何度目かの「まさか」は、思いもよらぬタイプの人々との出会いをもたらした。楽天という会社との出会いである。

監督就任当時のオーナーである三木谷浩史会長をはじめ、現在の島田オーナーを含めてお目にかかる偉い方々はみな私より年下であった。と言うよりも、息子と言ってもいいぐらい歳の離れた若手ばかりである。これは長い野球人生においても初めての体験だ。

しかも、どんな仕事かといえば、ネットビジネスだという。昔人間の私にとっては想像を絶する業種である。

プロ野球チームのオーナー企業を振り返ると、その時代の経済を見事なまでに反映していることがわかる。娯楽産業の花形だった頃の映画会社しかり、地域開発が推し進められたときの電鉄会社もそうだった。やがて、情報が地べたを這う時代から空中を飛び交う時代へと移り、ＩＴ産業が日本経済の旗手となったわけである。

もちろん、協約の範囲内であればどのような企業がオーナーになろうと構わないし、それをとやかく言う資格は私にはない。ただ、パソコン上の理屈で財を成した人たちが、プロ野球という「人間界」のスポーツをどこまで深く理解できるのかというと、一抹の不安を隠しきれないのだ。私に「引退の花道を飾ってほしい」などとトンチンカンなことを言い出したところを見ると、ますます不安になってくる。

おそらく、彼らはプロ野球球団の経営というものを単なるビジネスとしてしか捉《とら》えていない。人と人との触れあいのなかで仕事をしてこなかったせいか、企業理念に掲げるお題目は立派でも、とどのつまりは人間というものがわかっていないのではないか。それは、経営トップの現場への関わり方を見ていればよくわかる。どこかよそよそしい、冷ややかな視線を私は当初から感じていた。これが現代企業の特徴なのか。

かつての名物オーナー、永田雅一さん（大毎）や大川博さん（東映）のように、選手を我が子のように扱えとまでは言わない。しかし、球場に足を運ぶファンをはじめ、楽天の名をつけて戦っている選手たちもまた「生身の人間」である。ビジネスライクに数字を眺めているだけでは、うまく運営できる世界ではないということをわかっていただきたいのである。

## ボヤキの意味

「ボヤキは永遠なり」と宣言したのは、昨年のペナントレース中のことだった。思えば、ボヤキという言葉を世に最も広めたのは私ではないだろうか。本書をここまで読み進めていただいた読者諸兄にも、ずいぶんと数多くのボヤキにお付き合いいただいた。そして、ボヤキの裏にはさまざまな思いが詰まっていることを諒解《りょうかい》していただいたのではないかと思う。

私は「ボヤキ」という概念を「理想主義の証である」と定義している。

なぜなら、なんら目標も掲げず、無目的に行動している人間には不平や不満など湧《わ》いてこないからである。

また、理想と現実はときに合致するときもあるが、そのほとんどはすれ違いか離れ離れの間柄である。ボヤキとはその隙間を埋める言葉であり、理想が高ければ高いほど、ボヤキのボルテージは上昇するものだ。

キャッチャーという商売を長く続けてきたことも、ボヤかざるを得ない私の性分に多大な影響を与えてきた。

性格を大きく分類するなら、ピッチャーはプラス志向でなければならない。先ほどの一場や山本ではないが、打たれたときのことなど心配していては、勝負の世界で生き抜くことができないのがこのポジションである。「打てるものなら打ってみろ」という、ある種向こうみずなところが絶対に必要なのだ。

それとは正反対に、常に慎重に相手バッターを分析し、観察、洞察して配球に気をつけてピッチャーをリードしなければならないのがキャッチャーである。こちらは典型的なマイナス志向の持ち主でなければ務まらない。

両者がうまく合体して、ようやく「バッテリー」が成立するのである。

その調整を行なうのは、主にキャッチャーである。

マウンド上でピッチャーがマイナス志向に陥りそうになったら、すかさずマウンドへ駆けつけ、気持ちを前向きに修正させる。逆にイケイケの強気一辺倒なタイプには、きちんと手綱を引いて抑制を利かせるのだ。

これができない人間には、基本的にキャッチャーは向いていない。

その典型例だったのが、田淵幸一である。

西武ライオンズの発足当時、負けに負け続けていた頃の話だ。いくらピッチャーが打たれようが、ボロボロになろうが、田淵は涼しい顔をして引き上げてくる。たまりかねた私は、こう問いかけた。

「なあ、田淵よ。こんなに負けてばかりいるのに、おまえはなぜボヤかないんだ?」

キャッチャーならば、要求どおりに投げてこないピッチャーに対して不満が爆発してもおかしくない状況であるはずなのだが、彼は相変わらず飄々《ひょうひょう》と受け流すのみで、「我《われ》、関せず」といった涼しい顔を見せるのだった。

彼のような性格の男がなぜキャッチャーを務めていられたのか、いまでも不思議に思えてならない。

## マイナス思考の理想主義者

野球とは「失敗のスポーツ」である。どれほど完璧《かんぺき》な技術を持ち合わせた選手であろうと、ミスはしでかすものだ。だからこそ、失敗を恐れぬ勇気と自信を持って試合に挑まなければならない。プロならば、気力と体力はその門をくぐったときから備わっていて当然の条件であり、勝敗を分かつのはその使い方プラス知力の差と心得るべきだ。

その前提があったうえでのミスに対して、私はボヤいたりはしない。戦う準備を怠り、根拠のない配球や何も考えずに打席に立った末の、問題意識の感じられないミスに対してのみボヤくのだ。

試合の後の私のボヤキを聞く機会があったなら、その背景にはこのような原理があることを知っておいてほしい。

「勇将の下に弱卒なし」という言葉がある。

人の上に立つ者は毅然《きぜん》とした態度で勝負に臨み、決して怯《ひる》んではならない。その心を強く持っていれば、自ずと組織はつられて強くなっていくものだ。それが優れたリーダーの基本原則であり、私が常に心に携えている信条である。

選手のしでかした無用なミスも、突き詰めれば指揮官である私の資質に原因があると考えるようにしている。

敵を外部に求めている間は進歩が止まっている。挑む相手、戦う相手を自分のなかに見出してこそ、成長への道は開ける。

私は日々、そう言い聞かせている。選手たちに対するボヤキは、同時に自分自身に対するボヤキでもある。

「マイナス志向の理想主義者」である私は、今日も内なる敵にボヤいているのだ。

## 野村の訓話は10年以上経って初めてモノになる

ボヤキ話のついでに述べさせてもらうが、最近ミーティングをやっていて、果たして選手たちに私の声がどこまで届いているのか、これまで膨大な時間を費やし、言葉の限りを尽くして話してきたことが、いったいどれほど身についているのか、不安になることがある。

現在楽天でコーチをしている池山などは、「ヤクルト時代の監督の話は全部ノートにメモしてあります。そのときは何の役に立つかまったくわからなかったけれど、いまになって大いに役立っていますよ」と、言ってくれたりはしている。なるほど、私の訓話は10年以上経《た》って初めてモノになるものなのか、とも思う。

それが何年後になるのか、私がこの世からいなくなってからなのかわからないが、最終的に効果を発揮するとき、その選手にとって私はもうリーダーではなくなっているということだ。

しかし、それを嘆いていても始まらないという思いもある。要は人生レベルの尺度で語りかけているのだと、いまでは自分を納得させている次第だ。

人間は知識だけでも経験だけでも、一人前にはなれない。経験を重ねながら、生きるうえでの原理原則を自らに注入しておかなければならない。

私が行なっているミーティングは、いわば「考えるヒント」であり、人生の捉え方のエキスなのだ。

あとは自分でよく咀嚼《そしゃく》し、何年後になるのかわからないが、自らの言葉で哲学を語れるようになってほしい。一人でも多くそういう選手が現われてくれれば、私も説教を続けてきた甲斐《かい》があるというものである。

# 第7章

# 楽天イーグルスへのこだわり

## 野球は専守防衛を旨とせよ

改めて述べるが、東北楽天ゴールデンイーグルスの2009年のチームスローガンは『氣～越えろ！～』である。「頭を使え」「考えろ」とこの3年間、選手たちには耳にタコができるぐらい説教してきたのだが、それがなかなか浸透しないまま時間だけが過ぎてきたと、冒頭では嘆いてみせた。

だが、それは私の「理想」に対するボヤキであって、実のところ、贔屓目《ひいきめ》に見れば60％ぐらいは選手たちのなかに宿っているのではないかとも思う。いや、そうであってほしいという、これまた理想論でもある。

4年目を迎えて、周囲からは「選手たちは成長しましたね」ともよく言われる。元来がマイナス志向で天邪鬼《あまのじゃく》な私にしてみれば、本当にそうなのかなとも疑ってみたくなる。しかし、いざ勝負を挑む段となっては、そうとばかり言ってはいられない。しっかりと己を知り、戦略戦術を立てねばならない。

まず、昨年は打率、得点、防御率と攻守にわたる主要な部門で前年を上回りながら、順位を1つ下げてしまった。これは私の判断ミスによるところが大きい。

つまり、「野球は専守防衛を旨とせねばならない」という原理原則があるにもかかわらず、ストッパー不在のままシーズンに突入し、結局はその綻《ほころ》びを繕うことができないままペナントレースを戦い通してしまったのである。

「計画、実行、確認」の手順からすれば、計画の段階で手遅れになっていたことは否めない。戦力を整えるという「計画」が立ってなかったのだから、実行に移せるわけもなく、そのままズルズルと過ごしてしまったのである。

その点においては、今年も問題が解決したわけではない。ストッパー候補は何人かいるにはいる。計画段階では手は打っているつもりだが、果たしてそれが機能するかどうかは未知数だ。おそらく、実行に移してから修正せねばならないだろう。

接戦をことごとく落としてきた昨年の二の舞だけは避けねばならない。その意味で4月9日のソフトバンク戦を2対1で勝てたのは、今後につながるかもしれないと感じた。

## キャッチャーに求めること

守りという「最重要課題」に関してもう一つ言えば、キャッチャーにかかるウェイトが非常に大きくなる。現在、嶋基宏と藤井彰人の2人を併用してはいるものの、いずれも信頼に足る存在ではないのが悩みの種だ。

嶋は一昨年、成長を促す意味でも中心的に起用したのだが、バッティングがどうにも拙く、打線の足を引っ張った。努力の甲斐《かい》あってか、昨年はやや上達はしたものの、まだまだレギュラーとしてのレベルには達していない。インサイドワークにしても合格点とはまだ言えず、この2年での成長度は期待を裏切っている。しかし、野球に取り組む姿勢、考え方には見るべきところがあり、「いつかモノになるかもしれない」という思いがあるのも事実。さらなる努力に期待したい。

藤井に関して言うなら、見た目はずんぐりしていて、キャッチャー向きの体格をしているが、中身はほとんど内野手である。つまり、ボールの扱いがうまく、ミットさばきが器用ということだ。

捕球の技術は〝ピカ一〟の藤井。だが、肝心のリード面、そしてピッチャーとのコミュニケーション能力という点で物足りないのである。ブルペンでボールを受けている藤井を見ていると、複雑な心境になってくる。捕球はうまいのに、なぜかピッチャーのよさを引き出そうとする姿勢に欠ける。ただボールを捕って、ひょいっとマウンドへ返すだけ。返球が「会話」であることをわかっていないのか。もう何年も経験を積んでいるし、相手は年下ばかりである。もう少し先輩らしく、女房役らしく振る舞ってもらいたい。

かつて古田はブルペンで若いピッチャーの投球に対して、こんな声を発していた。

「おまえな、ストライクさえ放れれば、あとは俺が何とかするから」

なんでもない、当たり前のような語りかけのように聞こえるが、この言葉を発せられるかどうかが、一流の捕手か否かの分岐点なのである。

ただ単に気合いを入れているだけではない。そう口にしたからには、それを実現させなければならない責任が生まれてくるのだ。

使命感と責任感が組織を伸ばすと言われるように、守備の要《かなめ》であるキャッチャーには「野球の70％を支配する」ピッチャーに対して自らの立場を明確に示し、牽引《けんいん》しなければならない義務がある。藤井にはまだまだ投手への思いやりが足りない。

「おお、いいボールだ！」「自信もってこい」など、何かひと言でもいいから声を出して、ピッチャーの「氣」を引き出してもらいたい。

## キャッチャーの重要性

アマチュア球界の指導者のなかには、キャッチャーというポジションを単なる見かけや捕球技術だけで判断している者もいるようだ。だから、性格的に向いていない、インサイドワークに劣る選手が堂々とキャッチャーとしてまかり通っている。彼らからすればちゃんと仕事をこなしているように思っていても、プロの目から見れば「根本的に間違っている」選手が大勢いるのだ。

私が中学時代、キャッチャーを始めたのは「格好がいい」というのも理由の一つだった。プロテクターやレガースを身につけるのも、味方と対面する位置に座るのも自分一人だけ。これは特別なポジションであるという優越感さえ抱いていた。

ところが、いまの子供たちはキャッチャーをあまり格好いい守備位置だとは感じていないらしい。誰もかれもがピッチャーか内野手をやりたがるのだと、少年野球の関係者がもらしていた。

優秀なキャッチャーが不足している原因は、そんな底辺の部分にあるのかもしれない。この問題は、日本球界の将来を考えるうえでも憂慮すべき事態である。

そんな状況とは反比例するかのように、キャッチャーの重要性は年々アップしている。リード面はもちろん、ナインの頭脳としての役割がどんどん増しているからだ。

「優勝チームに名捕手あり」とは、優勝チーム、上位チームが証明している。

昨年、日本一となった西武ライオンズにおいても、細川亨の貢献度は絶大であった。

私がＷＢＣ日本チームの正捕手に細川を推したのも、短期決戦における「守り」の重要性を考慮したうえでのことだった。残念ながら肩の故障で直前にチームを離脱することになったのだが、私としては世界の舞台で細川がどのようなリードをするのか、ぜひ見てみたかった。

## 評価すべき鉄平の努力

プロ野球選手になった以上、厳しい競争のなかに放り込まれるのは必然である。置かれている立場をまったく自覚せず、安穏と練習しているだけでは近い将来、もっと厳しい一般社会に放り出されるのがオチである。

　たとえ努力の甲斐なくクビを宣告されたとしても、精一杯やったと納得して去っていければいいのだが、妙な達成感と自己愛に支配され、「限定、満足、妥協」という負のスパイラルに呑《の》み込まれていく選手が多い。そういう者に限って、ユニフォームを脱がねばならなくなったときに後悔ばかりするのである。

この3年間、楽天ナインをつぶさに見渡しても、そういった類の選手が実に多かった。しかし、ここへ来てようやくその兆《きざ》しに歯止めがかかってきたように思えるようになった。それも、野手の間にポジション争いの火がついたからであろう。

まず、キャンプから観察していて最も頑張ってきたのが、鉄平である。彼は中日に入団以来、3年間をほぼ二軍で過ごした。その苦労から「己の力量」というものを見つめることができるようになったのだろう。

バッティング練習にしても、コーチから強制されて振っている選手が多いなか、鉄平は自分から率先してバットを振っている「いまどきでは珍しい選手」である。ライバルが休んでいるときでさえ、手がマメだらけになるまで素振りを欠かさなかった私からすれば当たり前のことではあるが、そういう選手をほとんど見かけなくなった昨今、鉄平は稀《まれ》に見る「初歩的な努力」を怠らない存在である。

その甲斐あって、今季は開幕三番の抜擢《ばってき》によく応《こた》え、いい仕事をしている。目的意識を持って練習に取り組んでいれば、必ず報いは訪れる。今年の鉄平はその好例である。

中村紀洋と小坂誠が加入した内野陣にも、いい意味での競争意識が芽生えている。

渡辺直人などは危機感を煽《あお》られたか、連日のように打ち込みに励んでいるし、ベテランの高須洋介に刺激されて内村賢介も目の色が変わっている。

私は激しいセカンド争いのなかで、特にこの内村に注目している。体は小さいが足がめっぽう速い。親からもらった天性の能力をどう生かすのか。それはさほど難しいことではない。

「おまえは塁に出るだけで相手が嫌がるのだから、ともかく出塁率と盗塁で存在感を示せ」とだけ私は言い伝えてある。

育成選手からキャリアをスタートさせた選手だけに、ハングリーさとガッツに関しても期待が持てる。彼にとって、今年は本当の勝負のシーズンになるだろう。

## 中村紀洋への期待と不安

昨年、首位打者となったリック・ショートに対しては、成績以上に人間性を評価している。コツコツとヒットを量産する力はあるものの、守備範囲が狭く、肩も弱いため、数字ほど貢献度は高くはないが、日本の野球に溶け込もうとする協調性、チーム優先に懸命にプレーする姿勢には他の選手も見習う点が多い。

ウォーミングアップが始まると、必ず輪の中心にはリックがいる。あのように、はるばる米国からやってきて真面目《まじめ》に野球に取り組む姿には胸を打たれるものがある。昨年までいた、ホセ・フェルナンデス（現・オリックス）とは大違いである。フェルナンデスはいつも遅れてきて、後から練習に何くわぬ顔で参加する。お茶を濁しているのであるが、私はちゃんと見ていたのだ。

今年は開幕戦で、リックを一番に指名した。情実と言ってしまえばそれまでだが、それに応えるだけの気持ちが彼には備わっているような気がしたのである。

一方、得点源としては、フェルナンデスに代わって中村紀洋が加入してきた。セギノール、山崎とともに走者をどれだけホームに帰してくれるか。打線の大きなカギを握る選手である。

中村はご存じのとおり、かつて近鉄バファローズの看板選手として打線の中軸を担っていた元スター選手である。その後、渡米するも泣かず飛ばずとなり、中日に育成選手として拾われたのだ。私が彼を「枯れたひまわり」と呼んだのはそのためである。

彼が入団してくる際、私が最も懸念したのは「元近鉄」という経歴である。

私は南海時代から、近鉄というチームにいい印象を抱いたことがなかった。野球をさせたら頭は使わない、グラウンドを離れれば私生活は乱れ放題、規律も人間教育もあったものではない。「飲む、打つ、買う」に関するよからぬ噂《うわさ》があったとすれば、その出どころはほとんどが近鉄だったのである。

その悪しき伝統は脈々と続き、自由奔放と言えば聞こえはいいが、要するに無秩序を絵に描いたようなチーム。しまいには球団経営そのものが破綻《はたん》した。ああいうチームは消滅の憂き目にあうのも宿命ではなかったかと納得したものだ。

中村も近鉄時代、バットを振ったその足で後輩たちを引き連れ、夜のネオンに吸い込まれていくタイプの選手だった。

一度身についた習性はなかなか消え去ることはない。

そのような、好き勝手をやっていたチームの中心選手が、「古巣」へ合流したのである。当時行動をともにした後輩たちもまだチームに残っている。私の心配も察していただきたい。要は、いかに「近鉄カラー」を彼の体内から取り除くことができるか、それが当面、中村に関する必須《ひっす》のテーマである。

ただ、調整は非常にうまくいったようで、開幕早々、打棒を爆発させた。そして、なんと1年契約の私に向かって、「監督を1年でも長く引き止める」などと嬉《うれ》しいことを公言してくれたのである。

生まれ変わったと信じたいが、まだまだ油断はしていない。その心配がシーズンを通して杞憂《きゆう》に終わることを願っている。年齢からいって、引退も年々迫ってくる。引退後のことを念頭に置き、日々成長してもらいたいものだ。

## 岩隈よ、真のエースたれ

先発投手陣の柱が岩隈であることは、もはや言うまでもない。投手陣というだけでなく、チーム全体の信頼を得て「鑑《かがみ》」になってもらいたいと願っている。

ただし、実はこの岩隈もまた「元近鉄」組の一人である。

高校を卒業してすぐに出会ったプロ球団が、あの最悪のチームだったことを考えると、完全に「カラー」が抜けるまでにはまだ少々時間がかかるかな、とは思っている。

「まさかあの岩隈が」と驚かれる方もいるかもしれないが、「三つ子の魂、百まで」とはよく言ったもので、それほどプロ野球選手にとって最初に育ったチームの影響とは根深いものだ。

つい最近まで、ちょくちょくその「カラー」がのぞいていたことを私は見逃してはいない。ときおり、「痛い」とか「体が張っている」という弱音がもれ伝わってきていたのだ。日頃から入念なケアをしていれば、そういう故障は発生しないはずだ。もし万が一、肉体にわずかな異変が生じたとしても、弱音をもらすことなく修復に努めねばならない。エースの発言がいかに重大な影響をチームに及ぼすかということを、しかと心に刻んでおいてもらいたいのである。

たしかに昨年マークした21勝という数字は申し分のないものだった。しかし、ここで指摘した教訓を完璧《かんぺき》にマスターしなければ、真のエースとは言えないのである。ましてや、彼は一昨年までの２年間を故障と戦いながら送っていた。真の中心としてふさわしい働きをしたのは、まだわずか１年だけである。

だからこそ、これからエースとして生きていくためには、肉体のコンディションを常に万全にしておくこと。そして、若い投手陣に対して、普段から自分のピッチングや野球に取り組む姿勢を見せつける気持ちで、無言のリーダーシップを発揮しなければならない。

そうやって「自分が中心である」ことを意識的に言い聞かせることも必要だ。

私も四番打者になったときは、練習のときから若手に対して、「よく俺のバッティングを見ておけよ」という気持ちで打席に入ったものだ。

いまの時代、観察力の乏しい子が多いのは少し心配なところではあるが、岩隈ならできるはずだ。

幸いなことに、ここに来て彼が真のエースと呼ぶにふさわしい存在になってきたのは間違いない。先日もあるインタビューで、「もう僕のことをガラスのジョニーとは言わせません」と、たくましい台詞《せりふ》を残していた。

岩隈が真のエースになったとき、楽天に本当の強さが現われてくるはずだ。

さらに言えば、将来的に楽天に〝エースの伝統〟というものを築き上げるためにも、岩隈にはその精神をしっかりマーくんこと田中将大に伝えてもらいたいのである。

マーくんはまだまだ発展途上のピッチャーだ。「チームの鑑」となるには時間が必要である。ただ、彼は岩隈と違って肉体が頑丈にできている。この2年間、どこが痛いなどという訴えはほとんど聞いたことがない。昨年、成績が落ちてしまったことについては、本格派への夢を深追いさせてしまった私の判断ミスであり、今後、他人の評価など気にせず、自分のピッチングをしていけば間違いは起こさないと確信している。事実、今年はストレートの威力も増している。それだけに変化球がより効果的になり、マウンドから打者を見下ろせる感じが出てきた。

岩隈はマーくんの視線を感じながら、マーくんは岩隈の姿から真のエース像を感じ取りながら、お互い切磋琢磨《せっさたくま》して中心選手としての誇りを受け継いでいってもらいたいのである。

# 終章

## 〝若さ〟は信念に基づくもの

米国の詩人、サミュエル・ウルマンの『青春』という詩にこんな一節がある。

「人は信念とともに若く、疑惑とともに老いる。人は自信とともに若く、恐怖とともに老いる。希望のある限り若く、失望とともに老い朽ちる」

現役引退を決意した日、監督、フロントに申し出をあっさり受託されて、悔しさがこみあげてきた。潔く身を引こうと決めていたのに、なぜか「まだまだやれるぞ」という、もう一人の自分の声が聞こえてきた。昨年、楽天のフロントから「花道を飾ってほしい」と告げられたときにも、年齢の話を持ち出されて「冗談じゃない」と内心反発した。

ウルマンはその詩の冒頭で、こうも書いている。

「青春とは人生のある期間をいうのではなく、心のあり方のことだ」

老若は年齢の問題ではない。

たとえ74歳でも、心に情熱と創造力を持ち合わせていれば、それらを持ち合わせていない40歳よりもはるかに若いのである。

私はこれまで「野球」という分野で55年間にわたり膨大な知識と経験を得てきた。

そして、その2つをエネルギーとして生きてきた。振り返れば、年齢のことを気にかける暇などなかった。

若さが信念に基づくものであるなら、私は誰よりも若いと言い切れる自信がある。情報に対して貪欲《どんよく》であること、固定観念を捨て、先入観を排除することが柔軟な思考を生む。蓄えた知識は思考を通して知恵となり、創造力を生むきっかけとなる。また、その繰り返しが一つの信念となって、今日までの私を支えてきた。

本書でもさまざまな奇策をはじめ、勝つために有効なアイデアを紹介してきた。きっかけはふとしたときに訪れるものだ。その一例を紹介しよう。

池永正明という、かつて西鉄ライオンズのエースとして時代を席巻したピッチャーがいた。惜しくも「黒い霧事件」に連座し、若くして選手寿命を断たれたのだが、彼のピッチングは私のなかに一つの革命をもたらし、確固たる信念をもたらしてくれた。

1960年代後半のオールスター戦で、彼とバッテリーを組んだときのことである。試合前、サインの打ち合わせをしているときのことだ。池永は私にこう告げた。

「野村さん、もし走者が一塁に出たら、全部ゲッツーに取りますから」

ずいぶん自信過剰な男だなと思った。何度もオールスターに出場し、いろいろなピッチャーのボールを受けてはきたが、そんなことを言い放ったのは、後にも先にも池永だけだ。相手もセ・リーグの一流打者、強打者ばかりなのである。

私はお手並み拝見とばかりにマスクをかぶった。

そして、いよいよ試合が始まり、走者一塁という場面がやってきた。

一塁に走者が出たとき、守る側としてはどうしても内野ゴロで併殺打を打たせたい。そのためにはインコースを詰まらせて、サードかショートにゴロを打たせるのが常道である。少なくとも、その頃私はそう考えていた。

カウントは0－1。打者は「まだ追い込まれていない」という心理から、強引に打ってくるカウントだ。つまりそれは、バッテリーにとって「ゴロを打たせる」のに絶好のタイミングでもあるのだ。

すると、池永は私の想像を超えたボールを投げ込んできた。真ん中ややアウトコース寄りに落としてきたのである。

低めのスライダーを引っかけさせて、たまたま併殺にとることはあった。しかし、併殺に仕留めるために意図的に外角寄り低めのボールを使うという発想は、私のなかにはまるでなかった。しかも、池永が投じたシンカー気味の変化球が手頃なスピードで、ストライクゾーンからストンと落ちるのである。

打ち気にはやる右打者が「しめた」と思って強振すると、ボールはバットの下面に当たり、打球はショート正面へ。ものの見事に6-4-3のダブルプレーが完成した。

私はそのとき、目からウロコが落ちる思いだった。

「こういう攻略法があったのか」と、ほとほと感心させられた。

私が後に「ゴロゾーン」と命名する併殺打誘発のインサイドワークは、このときの池永の投球術がきっかけだったのである。

池永は剛速球投手ではなかった。ストレートとスライダーを主体に、縦に変化する緩いカーブを織り交ぜてくる。後世のピッチャーにたとえるなら、桑田真澄に通じるものがあるが、彼は一段階上のレベルをいっていた。

心技体を申し分なく備えた野球センスに長《た》けたピッチャーには、そう滅多にお目にかかれるものではない。あの頃の池永は間違いなくその一人だった。

また、こちらが池永からホームランを打った次の打席では、頭を狙《ねら》って放ってくることもあった。大声で猛抗議をすると、怯《ひる》むことなくまた頭を目がけて投げ込んでくる。それほど向こう気の強い男だった。

また、しかし、その最大の武器は、なんと言っても抜群のコントロールとセンスだった。私を震撼《しんかん》させたあの投球術も、すべてはコントロールを基軸にしたものである。

制球さえよければ、ピッチングの組み立ても自在となり、狙い通りの配球も可能となる。

ピッチャーにとってコントロールがいかに大切かということを、私は池永との出会いで再認識した。

彼はおそらく、チームの先輩である稲尾和久から多くのことを学んだのだと思う。稲尾の特長もまた「剛」ではなく「柔」であり、スピードではなくキレとコントロールであった。あの「ミリ単位」でゾーンから出し入れする制球の素晴らしさは、打席に立ち、あるいはボールを受けた者でなければわからないだろう。

稲尾から池永へ、ピッチングスタイルの「正しい継承」が行なわれたことも、プロ野球の歴史における貴重なエポックを生み出したことにつながっている。

コントロールはピッチャーの生命線であるという確信、制球力を身につけさせることが指導者としての使命であるという私の信念はその時代に培われたのである。にもかかわらず、ただやみくもにスピードにこだわり、ストレートの威力に頼ろうとする愚は、私自身、昨年のマーくんの失敗で改めて思い知らされた。若さゆえ、コントロールの向上とパワーアップの両立が可能だと錯覚したのだ。

「まだまだ私も成長していないな」と、反省させられたのであった。

剛速球投手とホームラン打者、そして俊足ランナーは天性であり、努力してできるものではない。

## 「人として生まれ、人として生きていく」

人間は自己愛に満ちた生きものである。

自分がいちばん可愛く、他者との関係においても「自分さえよければ」という自己中心的な発想に傾きやすい。

それは個人の問題だけでなく、組織単位にも言えることで、国家間の関係がギクシャクしたり、それが発展して戦争という忌まわしい事態を招く原因ともなる。

自分の立場だけを主張し他者を顧みない態度は、昨今の国際関係、あるいは国内に目を向けても散見される。いわゆる社会的に弱者と呼ばれる人々のなかにも、単に責任を国や会社にだけ押しつけ、あるいは依存し、自分自身の行動原則について思考を停止させてしまっている人が少なくないのではないか。

プロ野球は「勝負の世界」であり、実力本位の競争社会である。一日も早くレギュラー選手となって「いい生活をしたい」と願う気持ちは、当然誰しもが抱くべき基本的なプロとしての条件である。ある意味、自己中心的でなければ生き残ることは難しい。

　しかし、野球が団体競技である以上、私利私欲をむき出しにプレーすることは許されない。選手が組織の一員である以上、まずもって「チームの勝利」を最優先させねばならないのである。

　勝負の行方を左右するような重大な局面において、ピッチャーが妙なこだわりを持って臨むことがよくある。展開上、変化球を投げるべきときに、「ストレート勝負」にこだわって痛打を浴びるケースなどがそれである。

「自分の最も得意なボールを投げて、それでも打たれたのならしかたがない」という発想だ。

「力と力の勝負」とか、「男らしい対決だった」とか、メディアはその結末を美化して喧伝《けんでん》するが、その現場にいる者にとって、そのような個人的な解釈は団体競技の理念をねじ曲げる妄言であると私は考えている。

　打たれたピッチャー本人はそれで満足かもしれない。しかし、そのおかげで巻き添えを食らい、「敗者」となってしまったチームはどうなるのか。

　人間一人では生きていくことはできない。

　人生とは、「人に生かされ、人を生かす」こと。それができて初めて、「人として生まれ、人として生きていく」ことができるのだ。

社会（チーム）との関わりのなかで自分の力をいかに発揮し、最終的にはその「社会（チーム）」にいかに貢献できたかで、その人物の価値は決まる。

## 個性とは「組織にとって有効な個の特性」

プロ野球選手は、ファンに支えられた「商品」である。

いかに高く買ってもらうかは、自分が他者とどう違うのか、何が売り物なのかを明確にし、その特長を最大限に発揮できるかどうかにかかっている。つまり、「個性」を磨くことが必須《ひっす》の条件となる。

もちろん、それは「チームの勝利にどう役立つか」という大前提があってのことだ。私はこれまで野球というスポーツを通して、個と組織の関係をつぶさに見つめてきたが、史上に残る名選手とは、すべて「組織優先の個」を光らせてきた。

本編でも触れたとおり、川上監督時代の巨人は、まさにその点でも理想的な「個の集団」だった。打線には一番から八番までそれぞれの役割があり、選手は自分の仕事を忠実にまっとうすることで、組織が「勝利」という最大の成果を得る。たしかに王、長嶋という強打者たちは個人的に目覚ましい成績を残してきた。しかし、それらもすべて監督の徹底した「管理」のもと、与えられた任務を着実にまっとうした延長線上にあったのである。

後に、正捕手を務めていた森から当時の川上野球の真髄をよく聞かされたものだ。「川上さんはミーティングで、野球の話をほとんどしない」というのだ。やはり思ったとおり、人生論や人間教育に関わる訓話を繰り返しナインに聞かせていたのである。ONは紛れもなく巨人の中心選手であった。だからこそ、川上監督は特に厳しく彼らには接していた。

特に天才型の長嶋は、集合時間に遅れたり、ミーティングに筆記用具を持ってこなかったり、ときとして思ったままの不用意な発言をすることがあったという。試合が劣勢になった際、「もう今日はダメだ。明日、明日」などと口走ろうものなら、監督は周囲の目など構わず激しく叱責《しっせき》したらしい。

我々はいったい何のために野球をやっているのか、その原理原則を日々、選手たちに叩《たた》き込んでいたのである。

私が認める「個性」とは、V9時代の巨人に象徴される「組織にとって有効な個の特性」である。チームの役に立たない個性など、承認するわけにはいかない。

ご推察のとおり、それはもちろんファッションやヘアスタイルで主張するものでもない。野球選手はユニフォームを着て仕事をする職業だ。そして球場で、さらにはメディアを通じてファンの目にさらされる立場にある。たとえ球場を離れていようと、世間の注視を浴びることには変わりない。

長髪や茶髪が果たして「勝負の場」に相応《ふさわ》しいだろうか。だらしない服装をしていて、スポーツマンとして恥ずかしくないと言い切れるだろうか。私からすれば、それらはすべて野球にとっては無用の長物であり、そもそも、チームの役に立っていないことは確かである。よって、私はそんなものを「個性」とは認めないのである。

## 「欲に入って、欲から離れろ」

「欲に入って、欲から離れろ」と、私は選手たちによく諭す。これもまた、自己（愛）をどうコントロールするかという、心理的に繊細な部分の話だ。

試合の終盤、一打逆転のチャンスに打順が回ってきたとする。誰もがここで一発、ヒットを打ってヒーローになりたいと思うだろう。それは当然のことであり、「目立ちたい」と思う意欲はバッティングの際のエネルギーともなる。マイナス志向を少しでも抱えているタイプは、この段階で「打てなかったときの不安」から離れられなくなり、弱気の虫に押し潰《つぶ》されて自滅する。

私は四番を任されていただけに、そのような場面が巡ってきたときの高揚感は何度も経験した。そして、素振りをしながら、「よし、いっちょ決めてやろう」と、鼻息荒く打席に向かうのが常であった。

自信満々、攻撃的な気持ちで打席に向かう気性が勝負の場には必要である。しかし、その「欲」は打席に入り、バットを構えた瞬間、消し去らねばならない。

ところが、あまりにも自意識の強い者はそれができない。ピッチャーの投球が甘いコースに入り、「待ってました」とバットを出した刹那《せつな》、自らの至らなさにその打者は気がつく。つまり、インパクトの瞬間まで「欲」を捨てきれず、翌日の新聞の見出しなどが脳裏を支配し、無駄な力がバットに伝わって凡打となってしまうケースが非常に多いのだ。

人間は「欲」がなければ人生を切り拓《ひら》くことはできない。しかし、プロ野球選手の場合、その「欲」をきれいに払拭《ふっしょく》しなければならないときが勝負の現場で必ず訪れる。「勝った」「打った」と喜ぶのは、結果が出てからすることなのである。

## 野村克也に課せられた使命

人は「感情」と「思考」という2つの大きな要素によって行動する。前者については、生きている以上、大なり小なり誰にでも備わった動物的本能とも言えるが、それを上手にコントロールするのが「思考」であり、さらに突き詰めると「理性」ということになろう。

私は感情の起伏をあまり表に出さないように努めてきた。キャッチャーというポジションは常にピッチャーの感情を制御せねばならない立場であり、監督になってからは、一投一打に喜怒哀楽を表わしていたのでは正しい判断力が働かないと、肝に銘じたせいでもある。

私の師であった鶴岡一人監督は、実に感情的な人物だった。勝った、負けたと結果に一喜一憂し、理屈よりも根性や精神を前面に出すことを好んだ。

そのやり方を私はすべて否定するつもりはない。彼から学んだ「野球への貪欲さ」「うまくなることへの執着心」は、その後の野球人生にとって大きな財産になった。軍隊仕込みの規律の徹底や統率力も参考にさせてもらった。

野球の話はあまり聞いたことはなかったが、ミーティングで接したその話術の巧みさには大いに感心させられ、「説得力」の重要性を思い知るきっかけとなったのも、鶴岡氏のおかげである。

一方、私は彼には好かれてはいなかった。

「テスト生の立場から野村を一軍へ引っ張り上げ、チームの中心にまで育て上げたのは俺だ」と、素直に自慢してくれればいいものを、そういう言動もなかった。

はっきりとした理由はいまなお不明だが、思い当たるフシがあるとするなら、それは私が鶴岡親分の「子分」にならなかったからか。私はなびかず、お世辞の一つも言わずに過ごしてきた。彼は自分の回りを囲んで〝いい気分〟にさせてくれる者しか相手にしていなかった。

私のなかでは、もはや恩讐を超えたところに鶴岡氏は存在している。ただ、一つだけ大きく心の傷として残っていることがある。

私が三冠王を獲得した65年オフ、鶴岡監督が「南海を辞めるのではないか」と噂されていた頃のことだ。

一部報道によると、大毎オリオンズかセ・リーグのサンケイ・アトムズへの移籍が濃厚とされていた。

この話を聞きつけた「子分」のなかには、「親分を引きとめろ」と叫ぶ者が大勢いた。まるで俠客《きょうかく》の世界のようだが、これはれっきとしたプロ野球チーム内の出来事でである。

　私はキャプテンだった関係上、鶴岡派の大攻勢に押し上げられて、慰留工作の先頭に立たされることになった。

「親分も再婚して子供ができたりして、金儲《かねもう》けしたいんじゃないの」

　私がそう言うと、「親分がそんな男だと思うか？　金で動くような人じゃないよ」と反発する。

　本当かどうか確かめるために、そして「親分」をチームに引き戻すために、私たちは徒党を組んで監督の自宅を訪れた。

「何の用や！」

　しゃがれた大声が鼓膜を直撃した。その直後、移籍を翻意してくれるよう主力の一人が懇願すると、「おまえら、いよいよ俺に金儲けさせん気か！」ときた。

　図星である。あの大監督の住まいはここに至るまで南海の社宅であり、その待遇から脱するために「ゼニを求める」のは当然の権利だろう。人の身にもなってみろと、私はいきりたつ仲間を制した。

　すると、どういうわけか、鶴岡監督は私へ視線を向けてこうブチまけたのだ。

「何が三冠王や。ちゃんちゃらおかしいわ。本当に南海に貢献したのは杉浦だけじゃ」

その言葉はあまりにもショックだった。

私はテストで拾い上げられ、育ててもらった恩をなんとか返していかねばならないと懸命に努力してきた。それなのに、その思いを認めてもらえないばかりか、実績や貢献まで否定されてしまったのである。

このひと言で負わされた心の傷は、いまもなお癒《い》えてはいない。鶴岡さんはそのとき、感情の起伏が激しくなっており、見境なく人を罵倒《ばとう》したい気分だったのかもしれない。しかし、「綸言汗《りんげん》のごとし」である。指揮官が一度口にしたことは、部下にとって大きな意味を持ち、ときには取り返しのつかない断絶を生むことにもなる。

結局、鶴岡さんは蔭山新監督の急逝によって、その非常事態を乗り切るため「復帰」する。しかし、それ以来、私たちの間には埋めようのない溝ができてしまったような気がするのだ。

私も長期にわたる監督生活において、実にいろいろな文句を選手に対して発してきた。しかし、その言動の重さは充分に理解しており、計算ずくとは言わないまでも、人を見て、それに合わせた内容のメッセージを出しているつもりだ。

人を評するには、「無視、賞賛、非難」の3段階があると本編でも述べた。組織の上に立つ以上、この原則はしっかり守って部下に接することを心がけている。「勝利」という結果を求めるならば、そのプロセスである「人」をまず育てなくてはならない。選手を育成するうえで、言葉は指揮官にとっての「命」である。わずかな言動が選手を奮い立たせ、あるいは傷つけることを私は思い知っている。

人間にとって最も深い欲求とは、「自己重要感」であるという。自分が重要な存在だと他人が認めていると感じること。それが自己重要感だ。万国共通、誰もが生来抱いている欲求である。

組織のなかで自分はどのような立場にいるのか、不安になるときがある。そんなとき、上司からかけられた一言によって、大げさに言えば、「生きる力」が湧《わ》いてくることがある。

私もそうであったように、私の下で働く選手たちも同様だろう。ならば、彼らの自己重要感を高めてやることが大切ではないか。それがわずかでも満たされることで、人は前向きになる。プラス志向になれば、本来持っている潜在能力を引き出すことが可能となる。

やがてそれは「小さな成功体験」を生むだろう。指揮官はそのタイミングを逃さず、適切な褒め言葉をかけてやらねばならない。その積み重ねが「自信」という最大の「無形の力」をつくりあげるきっかけとなるのだ。

「育成とは、自信を育てることに等しい」

これは、私がチームを率いるうえで、片時も忘れたことのない指導方法の基本である。近代日本の基礎をつくった偉人の一人、後藤新平が遺した言葉をここで紹介したい。

「財を遺すは下、仕事を遺すは中、人を遺すは上とする」

お金を稼ぎ、財産をいくら遺したところで、財、仕事、人を順序立てると、それは「上」ではない。事業、仕事を遺すのは中位であり、最も人として評価すべきは、後世に優れた人材を遺すことである、という意味だ。

私はこれを座右の銘とし、人として恥ずかしくない生き方をしていきたいと思う。

ソフトバンク・ホークスの監督を務めていた王貞治が、08年のシーズンを最後に辞任した。それまで半世紀にわたって、球界のシンボルとも言える存在だったONが、これで2人ともユニフォームを脱いだのである。

私はこれで「もう俺しか残っていないな」と、感じた。周りを見渡しても、私の先を行く者はもちろん、後ろからついてくる者も一人もいなくなったからである。

私は「現役」である以上、自らの力で指導者としての力を示すことができる。実にありがたいことだと思っている。と同時に、王が去り、正真正銘の「孤高の監督」になってしまったいま、私に課せられた責任も重大であると感じている。

ユニフォームを着ていなければ伝えられないことがまだまだたくさんある。私が野球とどう関わり、人間をどう見つめ、組織のあり方をいかに考えてきたのか――。それを勝負の場のなかで、他チームの選手はもちろん、監督や首脳陣にも感じ取ってもらいたいのだ。

また、賢明なる読者諸兄には、本書で触れたさまざまな事柄を通じて、野球の面白さ、チームスポーツの複雑な多面性、そしてそこに生きる人間の生きざまを汲《く》み取っていただけたら幸いである。

最後に余談を一つ。

海の向こうの大リーグでは、87歳まで采配を振るっていた監督もいる。その人物の名はコニー・マック。1901年から50年まで、フィラデルフィア・アスレティックス（現本拠地はオークランド）の指揮官を50年間務めた「驚異の老将」である。

日本流に言えば、私より一回り以上も歳《とし》が上ではないか。力さえあれば年齢は関係ない。それは歴史が証明しているのである。

## 野村克也　選手成績

| 年度 | 球団 | 試合 | 打数 | 安打 | 得点 | 本塁打 | 打点 | 四球 | 死球 | 三振 | 打率 |
|---|---|---|---|---|---|---|---|---|---|---|---|
| 1954〜80年 | 南海→ロッテ→西武 | 3017 | 10472 | 2901 | 1509 | 657 | 1988 | 1252 | 122 | 1478 | .277 |

※主なタイトル／三冠王１回(1965年)、首位打者１回(1965年)、本塁打王9回(1957年、1961〜68年)、打点王７回(1962〜67年、1972年)

## 野村克也　監督成績

| 年度 | 球団 | 試合 | 勝 | 負 | 分 | 勝率 | チーム打率 | チーム防御率 | 得点 | 失点 | 順位 |
|---|---|---|---|---|---|---|---|---|---|---|---|
| 1970年 | 南海 | 130 | 69 | 57 | 4 | .548 | .255 | 3.43 | 589 | 510 | 2位 |
| 1971年 | 南海 | 130 | 61 | 65 | 4 | .484 | .260 | 4.27 | 614 | 612 | 4位 |
| 1972年 | 南海 | 130 | 65 | 61 | 4 | .516 | .253 | 3.48 | 512 | 511 | 3位 |
| 1973年 | 南海 | 130 | 68 | 58 | 4 | .540 | .260 | 3.35 | 508 | 493 | 優勝 |
| 1974年 | 南海 | 130 | 59 | 55 | 16 | .518 | .246 | 3.06 | 504 | 460 | 3位 |
| 1975年 | 南海 | 130 | 57 | 65 | 8 | .467 | .246 | 2.98 | 524 | 478 | 5位 |
| 1976年 | 南海 | 130 | 71 | 56 | 3 | .559 | .259 | 2.91 | 489 | 431 | 2位 |
| 1977年 | 南海 | 130 | 63 | 55 | 12 | .534 | .250 | 3.15 | 502 | 471 | 2位 |
| 1990年 | ヤクルト | 130 | 58 | 72 | 0 | .446 | .257 | 4.24 | 529 | 609 | 5位 |
| 1991年 | ヤクルト | 132 | 67 | 63 | 2 | .515 | .259 | 3.93 | 544 | 551 | 3位 |
| 1992年 | ヤクルト | 131 | 69 | 61 | 1 | .531 | .261 | 3.79 | 599 | 566 | 優勝 |
| 1993年 | ヤクルト | 132 | 80 | 50 | 2 | .615 | .263 | 3.20 | 622 | 475 | 優勝☆ |
| 1994年 | ヤクルト | 130 | 62 | 68 | 0 | .477 | .250 | 4.05 | 486 | 585 | 4位 |
| 1995年 | ヤクルト | 130 | 82 | 48 | 0 | .631 | .261 | 3.60 | 601 | 495 | 優勝☆ |
| 1996年 | ヤクルト | 130 | 61 | 69 | 0 | .469 | .264 | 4.00 | 536 | 560 | 4位 |
| 1997年 | ヤクルト | 137 | 83 | 52 | 2 | .615 | .276 | 3.26 | 672 | 503 | 優勝☆ |
| 1998年 | ヤクルト | 135 | 66 | 69 | 0 | .489 | .253 | 3.69 | 493 | 548 | 4位 |
| 1999年 | 阪神 | 135 | 55 | 80 | 0 | .407 | .259 | 4.04 | 490 | 585 | 6位 |
| 2000年 | 阪神 | 136 | 57 | 78 | 1 | .422 | .244 | 3.90 | 473 | 591 | 6位 |
| 2001年 | 阪神 | 140 | 57 | 80 | 3 | .416 | .243 | 3.75 | 467 | 598 | 6位 |
| 2006年 | 東北楽天 | 136 | 47 | 85 | 4 | .356 | .258 | 4.30 | 452 | 651 | 6位 |
| 2007年 | 東北楽天 | 144 | 67 | 75 | 2 | .472 | .262 | 4.31 | 575 | 676 | 4位 |
| 2008年 | 東北楽天 | 144 | 65 | 76 | 3 | .461 | .272 | 3.89 | 627 | 607 | 5位 |
| 2009年 | 東北楽天 | 144 | 77 | 66 | 1 | .538 | .267 | 4.01 | 598 | 609 | 2位 |

※1970〜77年は選手兼監督

☆は日本シリーズ優勝

STAFF

【装丁】
森裕昌
【DTP】
昭和ブライト
【協力】
佐野之彦
【写真】
共同通信社（カバー）
毎日新聞社（P64、P162）
時事（P222）
【校正】
桜井健司
小林興二朗
【編集】
小林藤彦
【編集人】
佐藤幸一

## 本書のプロフィール

本書は、二〇〇九年六月に小社より刊行された単行本『野村主義　勝利への執着力』を改題し、一部加筆および修正、再編集して、文庫化したものです。

小学館文庫

# 野《の》村《むら》イズムは永《えい》遠《えん》なり

著者　野《の》村《むら》克《かつ》也《や》

二〇一一年四月十一日　初版第一刷発行

発行人　佐藤正治
発行所　株式会社　小学館
〒一〇一－八〇〇一
東京都千代田区一ツ橋二－三－一
電話　編集〇三－三二三〇－五六一六
　　　販売〇三－五二八一－三五五五
印刷所――――大日本印刷株式会社


ISBN978-4-09-408605-8